고덕호 프로의 완벽 해결

미스 &
트러블 샷

고덕호 지음

고덕호 프로의 완벽 해결

미스 &
트러블 샷

고덕호 지음

삼호미디어
samho MEDIA

첫 번째 책이 발간된 지도 어느덧 8년이 흘렀습니다. 그동안 많은 분에게 사랑을 받은 만큼 보람과 또한 책임감도 느끼게 되었습니다. 이제는 골프가 우리나라 국민 스포츠로 자리매김하여 최근에는 여러 방송과 언론을 통해 많은 이론과 실기를 접할 수 있게 되었습니다.

Golf is the game of managing miss shots. 라는 유명한 격언이 있듯이 골프는 미스 샷을 얼마나 잘 극복하느냐가 매주 중요한 부분을 차지하고 있습니다. 결국에는 완벽한 샷을 하려고 노력하는 것보다 본인이 가지고 있는 고질적인 미스 샷을 잘 연구해서 필드에서 반복되지 않도록 평소에 연습하는 것이 골프를 즐길 수 있는 가장 좋은 방법이라는 것입니다. 하지만 레슨을 받지 않고 혼자서 잘못된 부분을 찾아내고 보완하기가 쉽지는 않습니다.

이 책은 필드에서 발생할 수 있는 각종 미스 샷에 대한 원인과 대처요령을 알려주고 미스 샷이 반복되지 않도록 효과적인 연습 방법도 제시해줍니다. 자신의 스윙을 좀 더 보완하고 필드에 나갔을 때 상황별 대처법을 알고 싶은 분들께는 많은 도움이 될 거라 생각합니다.

저만의 골프 이론과 노하우가 담긴 [고덕호 프로의 미스 & 트러블 샷]을 통해 좀 더 재미있고 수준 높은 골프를 즐기시길 바랍니다.

2018년 10월
고덕호

Contents

01 풀 스윙

그립
012 훅 그립
014 슬라이스 그립
016 양손이 불균형한 그립

어드레스
018 자신에게 맞는 어드레스 자세
020 골반이 정면을 바라보는 자세
021 양팔이 높은 자세

백스윙
022 백스윙 때 골반의 움직임
024 백스윙 때 무릎의 위치와 각도
026 자연스러운 손목 코킹과 백스윙 탑의 모양

다운스윙
028 다운스윙 궤도와 몸이 움직이는 순서

임팩트
032 정확한 임팩트 요령
033 헤드 업

팔로우스루 & 피니시
036 올바른 익스텐션 자세
038 피니시 때 불안한 밸런스를 잡는 법

풀스윙 연습
040 자연스럽고 일정한 스윙 궤도를 만드는 방법
042 체중 이동 연습 방법
044 스웨이의 원인과 개선
048 풀 스윙

02 드라이버

054 비거리를 내는 방법

058 강한 고탄도 드라이버 샷

060 드로우 샷

062 페이드 샷

064 슬라이스의 원인과 개선

066 훅의 원인과 개선

068 탑핑의 원인과 개선

070 뒤땅의 원인과 개선

072 토우 히팅의 원인과 개선

076 클럽헤드 안쪽에 볼이 맞는 원인과 개선

080 스카이 볼의 원인과 개선

082 탄도가 낮은 원인과 개선

084 푸시의 원인과 개선

087 풀의 원인과 개선

03 아이언

092 볼이 발보다 위에 있는
    오르막 라이에서의 아이언 샷

096 볼이 발보다 아래에 있는
    내리막 라이에서의 아이언 샷

098 왼발 오르막 라이에서의 아이언 샷

100 왼발 내리막 라이에서의 아이언 샷

102 고탄도 아이언 샷

106 넉다운 샷

108 펀치 샷

110 드로우 샷

114 페이드 샷

116 디봇에서의 아이언 샷

120 플라이어 라이에서의 아이언 샷

122 깊은 러프에서의 아이언 샷

126 페어웨이 벙커 샷

130 젖은 잔디에서의 아이언 샷

132 카트 도로에서의 아이언 샷

134 벙커에 서서 잔디 위에 있는 볼을
    처리할 때

136 백스윙에 제약이 있을 때

138 팔로우스루에 제약이 있을 때

142 포대그린 공략법

144 슬라이스의 원인과 개선

146 훅의 원인과 개선

148 탑핑의 원인과 개선

152 뒤땅의 원인과 개선

156 토우 히팅의 원인과 개선

160 클럽헤드 안쪽에 볼이 맞는 원인과 개선

164 타구한 볼의 힘이 약한 원인과 개선

166 탄도가 낮은 원인과 개선

169 푸시의 원인과 개선

172 풀의 원인과 개선

174 생크의 원인과 개선

04 그린 주변에서의 어프로치

그린 주변에서의 어프로치 샷

180 정확한 칩샷의 요령
182 부드럽게 띄우는 피치 샷
184 피치 앤 런
186 역결에서의 샷
188 로브 샷
190 플롭 샷
192 범프 앤 런
194 핀과의 거리가 짧은 칩 샷
196 맨땅에서의 어프로치
198 오르막 라이에서의 어프로치
202 내리막 라이에서의 어프로치
204 깊은 러프에서의 어프로치

벙커 샷

206 벙커 샷의 기본
210 볼이 발보다 높은
    오르막 라이에서의 벙커 샷
212 볼이 발보다 낮은
    내리막 라이에서의 벙커 샷
214 왼발 오르막 라이에서의 벙커 샷
216 왼발 내리막 라이에서의 벙커 샷
218 프라이드 에그 라이 샷
220 벙커 턱에 볼이 박혀 있을 때
224 젖은 모래에서의 벙커 샷
226 롱 벙커 샷
230 숏 벙커 샷
234 벙커 샷에서 볼에 스핀을 거는 요령

05 퍼팅

238 퍼팅 그립을 잡는 방법
240 롱 퍼팅
243 숏 퍼팅
246 S라인(더블 브레이크)의 퍼팅
248 2단 그린 위쪽으로 하는 퍼팅
250 잔디의 결을 읽는 방법
252 퍼팅의 성공률을 높이는 방법
254 퍼팅 라인을 정확하게 읽는 방법
256 그린 엣지에서의 퍼팅

01 그립

❶ 훅 그립

훅 그립은 스트롱 그립이라 불리며 왼쪽 손등이 앞으로 보이게 안쪽으로 돌려서 잡는 그립을 말한다. 훅 그립은 손아귀 힘이 약한 여성 골퍼에게는 유용하게 쓰일 수 있지만 대부분 어드레스 자세를 틀어지게 만들기 때문에 백스윙 때 상체 회전이 제한되고 슬라이스 구질을 유발한다.

훅 그립이 몸에 밴 골퍼라면 어드레스 때 양손이 타깃 쪽으로 너무 나가지 않게 하고 왼손을
강하게 쥐지 않도록 주의해야 한다. 또한 임팩트 구간에서 손목의 릴리스를 제한하면 훅이
나는 것을 방지할 수가 있다.

❷ 슬라이스 그립

위크 그립이라 불리는 슬라이스 그립은 훅 그립과는 반대로 오른손을 왼쪽으로 돌려 잡는 그립이다. 이는 임팩트 순간에 손목이 풀려서 볼이 힘없이 뜨는 현상을 유발한다.

슬라이스 그립을 잡는 골퍼는 어드레스 때 양손을 최대한 타깃 쪽으로 미는 포워드 프레스
(forward press)를 하고 스윙할 때는 손목을 안쪽으로 꺾어주는 보잉(bowing)동작을 해야
볼을 강하게 눌러 칠 수 있다.

NG

3

구력이 오래되어 훅 그립이나 슬라이스 그립이 몸에 밴 골퍼라면 굳이 힘들게 고칠 필요는 없다. 하지만 그립을 잡았을 때 양팔이 불균형하게 벌어져 있거나 오므려져 있다면 반드시 고쳐야 한다. 스윙을 편하게 하기 위해서는 양팔에 힘을 빼고 양쪽 팔꿈치 간격을 적당하게 유지하면서 스윙해야 하는데 왼손을 슬라이스 그립, 오른손을 훅 그립으로 잡으면 양팔이 벌어져서 플라잉 엘보나 치킨 윙을 유발하게 된다

NG

반대로 왼손을 훅 그립, 오른손을 슬라이스 그립으로 양손을 오므려서 잡으면 어깨와 팔이 경직되어 올바른 회전을 할 수가 없다.

이 두 가지 경우에는 그립을 잡았을 때 엄지와 검지가 만드는 V자가 한 방향을 보도록 고치
는 것이 좋다

OK

02 어드레스

❶ 자신에게 맞는 어드레스 자세

어드레스는 상체의 꺾임과 양팔을 늘어뜨린 각도가 중요하다. 이상적인 어드레스를 측면에서 보면
겨드랑이가 발 앞꿈치 선상에 위치하지만 이는 개인의 체형과 신체 균형 등에 따라 다를 수도 있다.

체형에 맞는 어드레스를 하는 방법은 먼저 상체를 곧게 편 상태에서 골반을 꺾어 주는데 이때 뒤꿈치가 들리지 않을 정도로 상체를 앞으로 내밀어 체중이 최대한 앞꿈치로 쏠리게 한다.

그다음 무릎을 천천히 구부려서 앞으로 쏠린 체중을 발바닥 중앙으로 가져오고 양팔을 어깨 밑으로 늘어뜨리면 된다. 상체를 얼마나 앞으로 숙여야 하는지를 잘 파악하고 자연스럽게 자세를 잡을 수 있도록 꾸준히 연습하자.

NG

❷ 골반이 정면을 바라보는 자세

히든 버트(Hidden Butt)라고도 불리는 자세인데 어드레스할 때 무릎을 너무 구부리면 하체에 힘이 들어가지 않기 때문에 스윙할 때 스웨이가 발생하고 상체 또한 많이 흔들려서 강한 임팩트를 하기가 어렵다.

OK

이 경우에는 벨트 버클이 볼 쪽을 향하도록 엉덩이 윗부분을 위로 약간 들어주면 하체가 견고하게 고정되어 임팩트 때 강한 힘을 전달할 수 있다.

❸ 양팔이 높은 자세

어드레스할 때 양손의 위치가 어깨 아래쪽에 있지 않고 몸으로부터 멀어지면 당연히 어깨가 경직될 수밖에 없다. 어깨가 경직되면 상체의 회전이 어렵고 스윙의 축이 되는 척추 축이 흔들려서 정확한 임팩트를 하기가 어렵다.

OK

이 자세가 반복되는 골퍼는 어드레스할 때 팔에 힘을 빼고 자연스럽게 늘어뜨려서 양손 그립의 위치를 다시 한번 체크해보자. 상체나 몸이 두꺼워서 바디스윙을 하는 골퍼라면 손의 위치가 사진보다 약간 높은 것이 정상이니 참고하자.

03 백스윙

❶ 백스윙 때 골반의 움직임

백스윙할 때 골반을 먼저 움직이면 스윙 궤도가 틀어지기 쉽고 하체가 스웨이될 수 있으므로
상체의 움직임에 골반이 따라가는 것이 좋다. 즉, 백스윙할 때는 팔과 클럽헤드를 먼저 움직이
면서 어깨를 90도 이상 돌리고 골반은 그 절반 정도로만 따라서 회전하여 적절한 상, 하체의 꼬
임을 만들어야 한다.

백스윙 측면

★ TIP

운동신경이 발달한 골퍼는 스윙의
리듬감을 중시하는 경우가 많은데
이때는 백스윙 시작과 동시에 골반
이 스웨이되는 것과 필요 이상의 회
전으로 몸의 꼬임을 방해하지 않도
록 주의해야 한다. 다만 근육량이 적
은 여성 골퍼라면 상, 하체를 꼬는
것보다 골반도 같이 회전시켜서 몸
의 회전력으로 스피드를 내는 것이
더 효과적이니 참고하자.

❷ 백스윙 때 무릎의 위치와 각도

백스윙할 때 체중 이동을 너무 의식하고 스윙의 리듬감만 살리려고 하면 하체 스웨이가 발생할 수 있다. 백스윙할 때는 특히 오른쪽 무릎이 잘 지탱해줘야 하는데 사진과 같이 백 스윙 탑에서 오른발 안쪽이 지면으로부터 떨어지고 체중이 발 바깥쪽으로 실리게 되면 몸 의 탄탄한 꼬임을 잃어 스윙의 방향성과 파워를 모두 놓치게 된다.

하체 스웨이가 의심되는 골퍼는 백스윙을 하기 전에 오른쪽 무릎을 약간 안쪽으로 밀어주고 오른쪽 다리의 각도가 변하지 않도록 강하게 버티면서 스윙을 하자. 이렇게 하면 탄탄한 상, 하체의 꼬임을 완성할 수가 있다. 백스윙 탑에서 정지하여 오른발 앞꿈치 안쪽에 체중이 실려 있는지 확인하는 것도 좋은 방법이다.

❸ 자연스러운 손목 코킹과 백스윙 탑의 모양

모던 스윙은 손목 코킹을 이용한 레버리지 스윙을 강조하는데 지렛대 원리를 응용한 딜레이드 히트를 구사하면 강력한 파워를 낼 수가 있다. 다운스윙에서 코킹을 유지한 채 클럽을 끌고 내려오는 딜레이드 히트(Delayed Hit)를 구사하려면 백스윙을 시작할 때부터 코킹하는 것이 좋다. 우리 신체 근육은 기억력을 가지고 있어서 백스윙 때 코킹을 일찍 해주는 만큼 포워드 스윙 때 클럽을 조금 더 오래 끌고 내려올 수가 있기 때문이다.

다만 클럽헤드가 너무 가파르게 들리지 않도록 백스윙 초기에는 클럽헤드를 지면으로 낮게 밀어주는 것이 중요하다. 감이 잘 오지 않는다면 볼 두 개를 클럽헤드가 들어갈 만큼의 간격으로 놓고 백스윙을 해보자. 뒤에 있는 볼을 최대한 똑바로 강하게 밀면서 백스윙하는 방식인데 이는 백스윙 때 올바른 손목 코킹 동작을 익힐 수 있는 아주 좋은 연습법이다.

04 다운스윙

OK

❶ 다운스윙 궤도와 몸이 움직이는 순서

이상적인 스윙은 다운스윙이 백스윙보다 약간 안쪽으로 내려오는 투 플레인 스윙이다. 여기서 중요한 것은 백스윙에서 다운스윙으로 이어지는 전환 동작이 부드러워야 한다는 점이다.

백스윙 때 클럽의 위치

만약 팔과 상체의 힘으로 다운스윙을 급격하게 내려치면 다운스윙이 백스윙보다 더 높아지는 오버 더 탑(over the top) 현상이 나타나고 이는 풀이나 슬라이스 구질을 유발하게 된다.

다운스윙은 백스윙 탑 직전에 왼쪽 무릎부터 타깃 쪽으로 움직이는 부드러운 전환 동작부터가 시작이라고 생각해야 한다. 백스윙이 팔, 어깨, 골반, 무릎 순으로 움직인다면 다운스윙은 반대로 무릎, 골반, 어깨, 팔 순서로 움직인다. 야구에서 투수의 투구 동작을 상상하면서 스윙하면 어떤 순서로 몸을 움직여야 하는지 쉽게 이해할 수 있을 것이다.

단, 동작의 순서만을 너무 의식하다 보면 간혹 상체와 하체가 따로 움직이는 경우가 있는데 어깨와 골반의 움직임에 집중하고 왼쪽 골반을 타깃 쪽으로 살짝 밀면서 돌아주는 느낌으로 동작하는 것이 좋다.

05

임팩트

❶ 정확한 임팩트 요령

스윙에서 가장 중요한 동작인 임팩트를 잘하기 위해서는 임팩트 드릴이 효과적이다. 이는 어드레스 자세
에서 완벽한 임팩트 모양을 만들어본 다음 스윙할 때 방금 했던 임팩트 자세에서 멈추는 방식의 연습이다.
올바른 임팩트 모양은 골반이 왼쪽 다리 위로 이동한 상태에서 타깃 쪽으로 45도 정도 돌아가 있고 양손
역시 타깃 쪽으로 볼보다 앞서 있는 모습이다. 이때 체중은 왼발 쪽으로 70~80% 이동해 있어야 한다.

★ TIP

임팩트 드릴은 풀 스피드로 스윙
하다가 임팩트에서 정지하는 느
낌으로 해야 효과적이다. 물론
스윙 스피드 때문에 임팩트 지점
에 정확하게 정지할 수는 없겠지
만 올바른 임팩트 모양을 재현하
는 것에 집중한다면 실제 스윙을
할 때 정확하고 강한 임팩트를
할 수가 있다.

NG

❷ 헤드 업

아마추어 골퍼 사이에서 많이 볼 수 있는 헤드
업은 말 그대로 임팩트 순간에 머리와 상체가
들리면서 정확한 임팩트를 하지 못하는 현상
을 말한다.

대부분 헤드 업을 방지하기 위해서 임팩트 이후까지 볼을 끝까지 보도록 머리를 고정한 채로 스윙하는데 이는 오히려 몸의 원활한 회전을 제한하여 볼의 방향성과 파워를 모두 잃게 만든다.

헤드 업을 효과적으로 방지하기 위해서는 다운스윙에서 상, 하체의 분리를 확실하게 하여 임팩트 때 가슴으로 볼을 마주 보는 느낌으로 스윙해야 한다. 다시 말해 다운스윙을 시작할 때 상, 하체가 동시에 타깃 쪽으로 회전하는 것이 아니라 하체가 먼저 타깃 쪽으로 체중 이동과 함께 회전하고 상체가 그 움직임을 따라가는 방식으로 해야 한다는 것이다. 이렇게 하면 임팩트 때 가슴으로 볼을 마주하게 되어 헤드 업을 방지할 수가 있다.

OK

06 팔로우스루 & 피니시

CHAPTER

NG

❶ 올바른 익스텐션 자세

익스텐션은 임팩트 직후에 양팔이 일직선으로 곧게 펴지는 순간의 동작을 말하는데 임팩트 자체가 강하지 못하거나 임팩트 이후에 손목 리코킹이 너무 빠른 골퍼는 볼이 강하게 뻗어나가지 못하고 바람에 이리저리 날리게 된다. 이처럼 익스텐션은 타구의 방향뿐만 아니라 비거리에도 지대한 영향을 준다.

OK

익스텐션을 할 때는 마치 왼발 앞쪽에 있는 나무를 도끼로 강하게 찍듯이 양팔과 클럽 샤프트를 강하게 뻗어주는 것이 좋다. 이때 중요한 것이 바로 골반의 체중 이동인데 골반을 타깃 쪽으로 이동하면서 상체를 회전해야 강한 익스텐션을 만들어낼 수가 있다.

❷ 피니시 때 불안한 밸런스를 잡는 법

피니시 때 몸의 밸런스를 잃고 휘청거린다면 대부분 그 샷의 결과가 좋지 않다. 이때 밸런스가 흐트러지는 가장 큰 이유는 체중 이동이 제대로 되지 않았기 때문인데 이는 연습 때와는 다르게 놓여 있는 볼을 강하게 치려는 생각이 앞서서 백스윙에서 다운스윙으로 연결할 때 템포가 빨라지고 상체가 하체보다 먼저 앞으로 나가기 때문이다.

이 경우에는 백스윙에서 다운스윙으로 전환할 때보다 임팩트 이후에 가속을 붙인다는 생각으로 부드럽게 스윙하는 것이 좋다. 충분한 연습 이후에 실제 스윙을 할 때 임팩트 보다 피니시 자세에 더 집중한다면 좋은 결과를 얻을 수 있을 것이다.

07
CHAPTER

풀 스윙 연습

❶ 자연스럽고 일정한 스윙 궤도를 만드는 방법

일정한 스윙 궤도는 타구 방향에 절대적인 역할을 하지만 아마추어 골퍼 대부분은 스윙 궤도가 일관되지 못하고 스윙할 때마다 조금씩 다른 구질을 만들게 된다. 일정한 스윙 궤도를 만들기 위해서는 거울을 우측에 두고 스윙 연습을 하는 것이 좋다. 먼저 양손을 어깨높이 정도로 올려서 이상적인 백스윙 탑을 만들고 거울을 통해 자세를 확인한 다음 어드레스부터 백스윙 탑까지 한 번에 큰 원을 그리면서 스윙해본다. 양손과 가슴의 간격을 최대한 멀리 유지하면서 백스윙 탑까지 한 번에 큰 원을 그리는 것이 익숙해지면 일관된 스윙 궤도를 만들 수 있을 것이다.

거울을 보고 자세를 확인한다

이상적인 백스윙 탑을 만든다

다운스윙은 백스윙보다 훨씬 더 간단하게 만들 수 있다. 백스윙 탑에서 하체로 먼저 리드하면서 양팔을 약간 안쪽으로 떨어뜨리면 드로우 구질을 만들 수 있는 인 투 아웃 (In To Out)의 스윙 궤도가 완성된다.

정면

❷ 체중 이동 연습 방법

체중 이동은 볼을 강하게 날릴 수 있는 중요한 요소 중의 하나인데 이를 위한 가장 효과적인 연습 방법은
바로 스텝 스윙이다. KLPGA 김혜윤 선수의 드라이버 샷 때문에 널리 알려진 연습법으로 백스윙 때 양발
을 모았다가 다운스윙 때 왼발을 타깃 쪽으로 내디디면서 볼을 임팩트하는 방식이다.

연습할 때 주의할 점은 스윙할 때 체중 이동은 상체가 아닌 하체로 이루어진다는 점과 체중 이동의 범위는 스탠스 폭에서 벗어나지 않아야 한다는 점이다. 즉, 백스윙 때는 오른발 앞꿈치 안쪽에 체중을 두었다가 다운스윙 때 왼발 앞꿈치 안쪽을 강하게 내디디면서 볼을 임팩트하면 클럽헤드가 진행하는 탄력 때문에 피니시 때 체중이 왼발 바깥쪽으로 쏠리게 된다. 이 연습을 꾸준히 하면 체중 이동이 수월해지고 이전보다 비거리가 더 늘어나는 것을 실감하게 될 것이다.

❸ 스웨이의 원인과 개선

스윙할 때 체중 이동을 과도하게 하면 몸이 좌우로 흔들리는 스웨이가 발생하여 정확한 임팩트를 하기가 어려워진다.

특히 유연성이 떨어지는 골퍼에게서 스웨이가 많이 발생하는데 유연성이 떨어질수록 좌우로 체중 이동을 하는 것보다 제자리에서 몸을 회전하는 힘으로 임팩트를 만들어 주는 것이 더 좋다.

또한 백스윙 때 왼쪽 어깨를 오른쪽으로 밀어주는 것보다 오른쪽 어깨를 뒤로 빼는 느낌으로 동작하면 어깨의 큰 회전을 유도할 수 있고 스웨이도 방지할 수가 있다.

다운스윙 때 하체의 체중 이동과 함께 상체와 머리도 타깃 쪽으로 따라 나가는 스웨이는 다운스윙할 때 왼쪽 어깨를 턱으로부터 분리하는 느낌으로 스윙하면 교정할 수가 있는데 이는 스웨이뿐만 아니라 중심축을 고정하는 효과도 볼 수 있다.

측면

❹ 풀 스윙

❶ 비거리를 내는 방법

골퍼라면 누구나 장타를 꿈꾼다. 이 때문에 필드에서 동반자가 장타인 경우에는 평소보다 스윙에 힘이 더 들어가서 그날 라운드를 망치는 경우도 많다. 모든 사람은 본인이 낼 수 있는 거리에 한계치가 있는데 그 것에 최대한 근접하기 위해서는 다음에 소개하는 세 가지 테크닉을 익혀야 한다. 하지만 그 전에 일관된 스윙 궤도로 정확한 임팩트가 전제되어야 한다는 것을 명심하자. 스위트 스팟에 볼이 맞는 것과 스팟을 벗어난 지점에 볼이 맞는 것은 현격한 거리 차이가 있기 때문이다. 임팩트가 정확한 골퍼라면 다음 세 가지 테크닉을 익혀서 헤드 스피드를 늘려보자.

첫 번째는 몸의 꼬임이다

백스윙 때 어깨 회전을 충분히 해주어 상체와 하체를 용수
철처럼 꼬았다가 다운스윙을 하면 자연히 헤드 스피드가
증가하게 된다.

두 번째는 체중 이동이다

모든 타구 운동은 임팩트 순간에 체중이 타깃 쪽으로 이동해야 강한 파워를 낼 수가 있는데 골프도 예외는 아니다. 임팩트 순간에는 체중의 80%가 왼발 쪽으로 이동해있어야 하고 이는 다운스윙 때 골반을 타깃 쪽으로 밀어주면서 회전하는 것으로 완성할 수가 있다.

세 번째는 딜레이드 히트이다

망치질할 때 가벼운 손목 스냅을 더해주면 동작이 크지 않아도 못에 강한 힘을 전달할 수가 있다. 이처럼 백스윙에서 다운스윙으로 전환할 때 손목에 힘을 빼고 가벼운 스냅을 더해주면 적절한 딜레이드 히트로 헤드스피드를 증가시킬 수가 있다.

★ TIP

세 가지 테크닉을 요약하면 손목을 부드럽게 하고 어깨와 골반을 크게 회전하면서 스윙하는 것이다. 처음부터 한 번에 세 가지를 다 시도하기보다 하나하나 연습하는 것이 동작을 더 빠르게 익힐 수가 있다. 동작이 익숙해지면 충분히 헤드 스피드를 증가시킬 수가 있으니 꾸준히 연습하자.

❷ 강한 고탄도 드라이버 샷

드라이버는 볼을 스탠스 왼발 쪽에 놓고 상향 타격을 하는 클럽이다. 때로는 클럽이 가지고 있는 로프트보
다 훨씬 더 높고 힘 있는 타구를 만들어야 하는 상황이 발생하는데 이때 가장 신경 써야 할 것은 바로 하체
의 체중 이동이다.

다운스윙 때 하체가 타깃 쪽으로 이동하지 않으면 임팩트 순간에 골반이 뒤로 빠지면서 클럽헤드가 풀리기 때문에 탄도만 높이 뜨고 거리가 나가지 않는다. 따라서 하체, 특히 골반이 타깃 쪽으로 이동하면서 체중 이동이 원활하게 되어야 임팩트 때 양손이 볼 위에 위치하고 볼을 눌러 치는 듯한 느낌이 드는데 이것이 바로 강한 고탄도 드라이버 샷을 하는 방법이다.

❸ 드로우 샷

드로우 샷은 비거리가 많이 나가지 않는 골퍼에게 이상적인 구질이다. 볼에 탑스핀이 걸려 바람도 잘 뚫고 나갈 뿐만 아니라 떨어진 볼이 많이 굴러가기 때문이다. 드로우 샷을 하기 위해서는 두 가지 요소가 충족되어야 하는데 첫 번째는 스윙 궤도를 인 투 아웃으로 진행해야 하고 두 번째는 클럽페이스를 충분히 릴리스시켜서 임팩트 순간에 약간 닫혀 맞게끔 해야 한다.

⭐ TIP

대부분 아마추어 골퍼는 아웃 투 인(Out To In)으로 다운스윙이 내려오기 때문에 페이드나 슬라이스를 치게 된다. 스윙 궤도를 인 투 아웃으로 진행하는 요령을 익히기 전에 드로우 샷을 시도하면 터무니없이 풀 샷을 하게 될 수도 있으니 주의하자.

다운스윙 궤도를 인 투 아웃으로 만들기 위해서는 어드레스 때 오른발을 약간 뒤로 빼는 클로즈드 스탠스를 하는 것이 좋다. 여기서 한 가지 주의해야 할 것은 타깃보다 우측을 보고 있는 스탠스 방향과 똑같이 어깨 라인을 맞추는 것이다. 다운스윙 때 상체가 열리면서 오른쪽 어깨가 앞으로 튀어나온 상태에서는 인 투 아웃의 스윙 궤도를 만드는 것이 불가능하기 때문에 어깨 라인을 스탠스 방향과 맞춰서 스윙하는 것이 중요하다. 어깨 라인을 유지하고 양팔과 손목을 이용하여 클럽페이스를 최대한 빨리 감아 돌리면서 릴리스해주면 깔끔한 드로우 샷을 할 수가 있다.

❹ 페이드 샷

비거리는 많이 나가지만 방향성이 좋지 않은 골퍼는 구질을 페이드로 만들면 한층 더 안정된 플레이를 할 수가 있다. 페이드 샷은 앞서 배운 드로우 샷과 반대되는 개념으로 이 또한 많은 골퍼들이 선호하는 구질이다. 페이드 구질을 만들려면 두 가지를 염두에 두어야 하는데 첫 번째는 다운스윙 때 클럽 샤프트가 처지지 않고 업라이트로 세워서 스윙 궤도가 약간 아웃 투 인으로 되어야 한다.

두 번째는 임팩트 순간에 최대한 릴리스를 하지 않고 클럽헤드를 끌고 나가면서 클럽페이스를 약간 연 상태로 볼을 가격해야 한다.

★ TIP >

평소 셋업 자세에서 왼발을 약간 열어주고 다운스윙할 때 골반을 조금 일찍 열어주면 스윙 플레인을 바꾸지 않고 좀 더 편하게 페이드 샷을 할 수가 있다. 아주 미세한 움직임만으로 임팩트 순간에 클럽페이스가 열려서 맞게 하는 방법인데 스윙 감각이 좋은 골퍼라면 한번 시도해보자.

⑤ 슬라이스의 원인과 개선

슬라이스는 아마추어 골퍼 80% 이상이 친다는 통계가 나올 정도로 가장 보편적인 미스 샷이다. 이는 거리 손해를 많이 볼 뿐만 아니라 바람이 불면 타구가 이리저리 날리게 된다. 슬라이스는 대부분 임팩트 순간에 상체와 클럽페이스가 많이 열리기 때문에 발생한다. 스탠스 왼쪽에 위치한 볼을 강하게 치려다가 상체가 볼을 쫓아가면서 다운스윙이 되어 임팩트 순간에 상체가 타깃 좌측으로 열리게 되는 것이다. 즉, 다운스윙이 너무 가파르게 내려와서 임팩트를 거의 다운 블로우로 치는 골퍼들이 주로 슬라이스가 나게 된다.

슬라이스를 방지하는 가장 효과적인 연습법은 야구스윙 연습이다. 먼저 클럽헤드를 허리 높이로 들고 마치 타자가 배트를 휘두르는 것처럼 스윙을 여러 번 해본다. 이때 홈런을 노리는 타자처럼 아래에서 위로 스윙하면서 오른손이 왼손을 감아 돌리는 릴리스 동작도 해본다.

그다음 무릎 높이에서 같은 동작으로 스윙을 여러 번 해보고 마지막으로 기존의 어드레스 자세로 스윙 연습을 해주면 인 투 아웃으로 릴리스되는 드로우 스윙을 익힐 수가 있다. 상체를 먼저 회전하기보다 클럽헤드가 몸을 타고 회전하는 느낌으로 연습하면 좋은 효과가 있을 것이다.

NG

❻ 훅의 원인과 개선

훅은 슬라이스와는 반대로 스윙 궤도가 너무 완만할 때 발생한다. 특히 드라이버는 샤프트가 길기 때문에 스윙 궤도가 완만해지면 백스윙이 안쪽으로 심하게 들어가면서 스윙의 좌우 폭이 좁아져 인 투 아웃 스윙으로 훅 구질을 만들게 된다.

훅을 고치기 위해서는 백스윙 때 손목 코킹을 줄이고 스윙의 좌우 폭을 넓히는 것이 중요하다. 테이크어웨이 때 드라이버 헤드를 타깃의 연장선으로 길게 똑바로 빼준다면 자연스럽게 스윙의 좌우 폭이 넓어지고 훅이 아닌 드로우 구질을 만들 수가 있다. 단, 드라이버 헤드를 뒤로 길게 빼주는 것만을 의식하다 보면 상체나 하체가 뒤로 같이 따라가는 스웨이가 발생할 수 있으니 주의하자.

❼ 탑핑의 원인과 개선

드라이버 샷을 할 때 볼이 클럽헤드 아래쪽에 맞거나 탑핑이 난다면 가장 먼저 체중 이동을 체크해야 한다. 탑핑은 유연성이 떨어지는 골퍼에게 많이 생길 수 있는 현상인데 다운스윙 때 체중이 타깃 쪽으로 이동하지 않고 너무 뒤에서 볼을 가격하면 발생하게 된다.

드라이버 탑핑을 개선하려면 다운스윙 때 약간 과도하게 골반을 타깃 쪽으로 밀어주면서 스윙을 해야 하고 팔로우스루도 최대한 큰 동작으로 해야 한다. 만약 이렇게 해도 정타가 어렵다면 어드레스 때 볼의 위치를 스탠스 중앙으로 조금씩 옮기면서 정타를 맞히면 되는데 이 때문에 탄도가 너무 낮아진다면 로프트가 약간 높은 클럽으로 피팅을 해야 한다.

NG

❽ 뒤땅의 원인과 개선

드라이버 샷에서 뒤땅이 나는 이유는 탑핑과 마찬가지로 체중 이동의 문제일 수도 있지만 다운스윙 때 심한 인 투 아웃 스윙 궤도를 그리기 때문일 수도 있다.

스윙 궤도가 플랫하여 다운스윙이 인 투 아웃으로 진행되면 뒤땅을 치거나 볼이 걷어 올려 맞아서 비거리가 많이 나가지 않게 되는데 이 경우에는 백스윙 때 클럽헤드를 길게 빼주어 스윙 폭을 넓게 만들어줘야한다. 단, 스윙 폭을 넓히려다가 상체까지도 좌우로 움직이는 스웨이가 발생하면 이 또한 뒤땅을 유발하기 때문에 머리는 최대한 그 자리에 고정한 채로 백스윙을 똑바로 길게 해주는 것이 좋다.

❾ 토우 히팅의 원인과 개선

클럽페이스 앞쪽에 볼이 맞으면 주로 드로우나 훅 구질이 나타나고 비거리도 많이 나가지 않게 된다. 이 경우에는 다음 두 가지 사항을 확인해보자. 첫 번째는 어드레스 때 볼이 너무 멀지 있지는 않은지 확인한다.

NG

두 번째는 다운스윙 때 클럽헤드를 자연스
럽게 던지듯이 뻗어주기보다 팔과 어깨에
힘이 들어가서 임팩트 순간에 클럽을 잡아
당기지는 않은지 확인한다. 이렇게 하면 스
윙 궤도가 아웃 투 인이 되어 토우 쪽에 볼이
맞게 된다.

OK

팔과 어깨에 힘이 들어가서 임팩트 때 클럽을 잡아당기는 골퍼는 어드레스 때 양팔을 자연스럽게 늘어뜨린 다음 어깨에 힘을 빼고 스윙하는 연습을 해야 한다. 앞에 있는 볼을 의식해서 자신도 모르게 스윙에 자꾸 힘이 들어간다면 눈을 감고 스윙 연습을 해보는 것이 좋다. 눈을 감은 상태에서 스윙 연습을 하다 보면 몸의 어느 부위에 힘이 들어가는지를 잘 느낄 수가 있다. 실제로 볼을 칠 때도 연습 스윙 때의 느낌으로 한다면 분명히 좋은 결과를 얻을 수 있을 것이다.

OK

⑩ 클럽헤드 안쪽에 볼이 맞는 원인과 개선

드라이버가 힐에 가까운 안쪽에 맞을 때도 비거리가 현저히 줄어들게 된다. 이때는
다음 두 가지 사항을 확인해야 하는데 첫 번째는 어드레스 때 볼이 너무 가깝게 있
지는 않은지 올바른 어드레스 자세를 확인한다.

두 번째는 임팩트 순간에 양손이 몸으로부터 너무 떨어져 있지는 않은지 확인한다. 이는 주로 스윙이 너무 플랫하거나 다운스윙 때 상체를 너무 일찍 회전하여 심한 인 투 아웃 스윙 궤도를 그리면 발생하게 된다.

이 경우에는 백스윙 때 클럽헤드를 약간 바깥쪽으로 빼는 느낌으로 업라이트 스윙을 하고 다운스윙 때는 양손이 8자를 그리면서 오른쪽 허벅지를 스치듯이 내려오게 한다. 이렇게 하면 양쪽 겨드랑이와 양손을 몸 가까이 붙인 상태로 볼을 가격하여 체중을 실어줄 수 있기 때문에 방향성과 거리를 모두 개선할 수가 있다.

NG

⑪ 스카이 볼의 원인과 개선

스카이 볼이 발생하는 이유는 다운스윙 때 상체가 타깃 쪽으로 나가서 스윙 궤도가 가파르게 되어 클럽페이스 위쪽에 볼이 맞기 때문이다. 가끔씩은 클럽헤드 윗부분에 티에서 묻은 페인트 자국도 남기게 되고 간혹 잘 맞은 타구라도 탄도가 낮게 깔려서 나가게 된다.

이 경우에는 머리를 최대한 뒤에 두고 하체로 체중 이동을 하면서 스윙하면 볼을 상향 타격할 수가 있다. 머리를 뒤에 두어도 상향 타격이 안 되는 경우에는 어드레스부터 다운스윙까지 양손과 가슴의 간격을 최대한 넓게 유지하면서 스윙해보자.

⑫ 탄도가 낮은 원인과 개선

타구의 탄도를 이해하기 위해서는 탄도를 결정하는 가장 주된 요인이 임팩트 순간에서의 머리 위치라는 것을 알아야 한다. 즉, 임팩트 때 머리가 타깃 쪽으로 나갈수록 타구가 낮아지고 뒤에 남을수록 타구가 높아진다는 것이다. 머리가 타깃 쪽으로 나가면 클럽을 잡고 있는 양손도 같이 나가게 되어 클럽헤드의 로프트가 작아지고 샷의 탄도도 낮아지게 되는데 이를 방지하기 위해서는 임팩트 순간에 머리 위치를 최대한 뒤에 두고 샷을 해야 한다.

어드레스 때 몸의 위치

임팩트 순간에 머리가 나가는 것을 방지하려면 백스윙 때 타깃 반대 방향으로 충분히 체중 이동을 한 다음 하체를 타깃 쪽으로 이동하면서 머리는 타깃 반대 방향으로 이동하는 느낌으로 상체를 뒤에 두고 다운스윙을 해야 한다. 만약 머리를 최대한 뒤에 두어도 볼의 탄도가 높아지지 않는다면 딜레이드 히트를 의식한 나머지 클럽헤드를 너무 길게 끌고 내려오기 때문일 수도 있다. 이 경우에는 다운스윙 때 약간의 캐스팅 느낌으로 클럽헤드를 빨리 풀어 던진다면 탄도가 뜨게 될 것이다. 드라이버에서 딜레이드 히트는 가장 주의해야 할 동작인데 백스윙 탑에서 다운스윙으로 이어지는 전환에서만 손목 스냅을 부드럽게 해주는 것이 가장 안정적인 방법이다.

⑬ 푸시의 원인과 개선

드라이버 샷에서 푸시가 나는 이유는 다운스윙 때 클럽헤드의 진행 방향이 인 투 아웃으로 되기 때문이다. 주로 스윙의 좌우 폭이 좁은 골퍼들이 많이 하는 미스 샷인데 스윙 폭이 좁으면 푸시뿐만 아니라 훅도 많이 나올 수가 있다.

이 경우에는 백스윙할 때 클럽헤드를 타깃 반대 방향으로 길게 빼주면 자연스럽게 스윙의 폭이 넓어지면서 푸시를 고칠 수가 있다.

가끔 상급 골퍼들 사이에서도 푸시나 훅 구질이 나타나는데 대부분 다운스윙 때 상체가 먼저 열려 클럽헤드가 뒤처져서 내려오기 때문에 발생하게 된다. 이 경우에는 다운스윙을 시작할 때 어깨나 상체 회전을 반 템포 늦춰서 팔로만 스윙하는 느낌으로 동작하면 고칠 수가 있다.

구력이 오래된 골퍼라면 팔과 함께 자연스럽게 회전하는 상체에 힘을 주어 억지로 템포를 늦추지 말고 백스윙 때 턱에 붙어있던 어깨를 부드럽게 떨어뜨리면서 다운스윙을 해주자. 이렇게 하면 몸에 힘을 빼고 임팩트를 가져갈 수 있기 때문에 볼의 탄도가 좋아질 뿐 아니라 거리도 많이 증가하게 된다.

⑭ 풀의 원인과 개선

좌측으로 당겨지는 드라이버 샷은 대부분 다운스윙 때 상체가 너무 빨리 회전하기 때문에 발생한다. 다운스윙 때 상체를 먼저 회전하면 임팩트 때 상체가 타깃 쪽으로 많이 열리게 되는데 이때 클럽헤드가 업라이트로 따라 돌게 되면 풀이 발생하게 되고 클럽페이스를 릴리스하지 않고 끌고 간다면 풀 슬라이스를 만들게 된다.

풀이 발생하는 골퍼는 다운스윙 때 상체 회전을 최대한 억제하면서 팔을 먼저 휘두르는 것이 좋다. 즉, 다운스윙 때 타깃으로부터 등을 돌린 상태에서 볼을 임팩트하는 느낌으로 스윙하는 것이 좋은데 이때 뒤땅을 방지하기 위해 하체, 특히 골반의 체중 이동을 신경 써야 한다.

또한 왼발 쪽에 놓여있는 볼을 무시하고 클럽헤드를 스탠스 중앙에 둔 다음 그곳에 놓여 있는 가상의 볼을 임팩트하는 느낌으로 스윙하면 풀을 방지할 수가 있다. 즉, 중앙에 있는 가상의 볼을 임팩트하는 느낌으로 스윙하여 실제 왼발 쪽에 있는 볼이 클럽헤드에 걸려 날아가는 방식인데 이는 임팩트 순간에 상체가 열리는 것을 방지해 주는 좋은 방법이다.

MISS & TROUBLE SHOT

아이언
Iron

Chapter 03

볼이 평지가 아닌 경사면에 놓여 있을 때는 가장 보편적으로 발생하는 미스 샷을 잘 기억하여 이를 방지하는 셋업과 스윙을 하는 것이 좋다. 볼이 발보다 위에 있을 때 가장 많이 발생하는 미스 샷은 뒤땅과 훅이다. 볼이 위치한 지면이 평상시보다 올라와 있기 때문에 뒤땅이 잘 발생하고, 볼이 맞더라도 경사면에 놓인 클럽페이스가 타깃보다 왼쪽을 향하기 때문에 클럽헤드가 몸을 타고 돌아가는 스윙을 하게 되어 훅이 발생하게 된다. 따라서 이 경우에는 한 클럽 정도 긴 클럽을 선택하여 그립을 조금 내려 잡아 클럽을 짧게 쥐고 볼을 약간 오른쪽에 두어 뒤땅을 방지해야 한다.

일반적인 볼의 위치

그다음 경사가 클수록 타깃의 오른쪽을 겨냥하여 어느 정도 훅을 의식하면서 셋업을 조정한다.

목표점

스윙은 3/4 정도 컨트롤 스윙을 하는데 왼쪽으로 심한 훅을 방지하기 위해 임팩트 이후에 클럽페이스를 릴리스한다. 이때 클럽헤드가 돌아가지 않도록 양손으로 리드 하면서 피니시를 해야 한다. 마치 임팩트 이후에 왼쪽 팔꿈치가 바깥으로 나가는 치 킨윙 동작이 연상되지만 이렇게 해야 훅이 많이 나지 않고 볼을 컨트롤할 수가 있다.

❷ 볼이 발보다 아래에 있는 내리막 라이에서의 아이언 샷

볼이 발보다 아래에 있을 때는 탑핑과 슬라이스가 흔히 발생한다. 임팩트 때 상체가 일찍 들려서 탑핑이 나고, 스윙할 때 클럽 페이스와 볼이 맞닿는 시간이 짧아서 슬라이스가 발생하는 것이다. 이 경우에는 한 클럽 정도 긴 클럽을 선택한 다음 어드레스할 때 어느 정도 페이드나 슬라이스를 의식하여 타깃의 왼쪽을 겨냥해야 한다. 이때 지면의 경사 때문에 불안한 스탠스를 의식하여 무릎을 구부려 자세를 낮추기보다는 평소보다 상체를 조금 더 꺾어주어야 한다.

목표점

일반적인 백스윙 때 클럽의 위치

스윙할 때는 백스윙을 가파르게 하여 업라이트로 하는 것이 좋다. 상체를 너무 심하게 꺾어서 스윙한 후에 체중이 앞쪽으로 쏠리지 않도록 하자.

❸ 왼발 오르막 라이에서의 아이언 샷

좌우 오르막이나 내리막 라이에서 샷을 할 때 가장 먼저 해야 하는 것은 경사면에 어깨와 골반 라인을 맞추는 것인데 이는 경사면에서도 평지와 같은 스윙을 하기 위해서이다. 하지만 몸을 경사면에 맞춰서 샷을 하면 그만큼 클럽의 로프트도 추가되어 탄도는 높아지지만 거리가 짧아지기 때문에 한 클럽 이상 긴 클럽을 선택해야 한다. 볼이 왼발 오르막 경사면에 놓여 있을 때는 뒤땅과 훅이 흔하게 나타나므로 이를 방지하기 위하여 볼을 볼 한 개 정도 간격으로 오른쪽에 놓는다.

오르막 경사에서는 체중이 아래쪽 발로 많이 가기 때문에 스윙할 때 체중 이동을 조금 과장되게 해야 한다. 스윙은 클럽을 길게 선택한 만큼 3/4 정도 컨트롤 스윙을 한다.

4 왼발 내리막 라이에서의 아이언 샷

왼발 내리막 라이는 골퍼들이 경사면에서의 샷 중에서 가장 어려워하지만 요령을 터득하면 쉽게 할 수 있다. 이때도 역시 가장 먼저 경사면에 어깨와 골반 라인을 맞춰야 한다. 가장 흔한 미스 샷은 탑핑과 슬라이스이기 때문에 타깃에서 약간 왼쪽을 겨냥하고 경사가 클수록 볼을 오른쪽에 놓는다.

스윙할 때는 골반을 제자리에서 회전하면서 경사면을 따라 낮게 팔로우스루하는 것이 좋다.

➎ 고탄도 아이언 샷

플레이를 하다 보면 볼이 날아갈 위치에 나무나 장애물, 해저드 등이 있어서 탄도를 높여야 할 때가 종종 있다. 코스 매니지먼트의 기본은 올바른 클럽의 선택이므로 무리한 클럽을 선택하여 장애물을 넘기는 샷은 당연히 피해야 한다. 하지만 볼의 탄도를 높여서라도 꼭 캐리를 해야 하는 경우에는 다음과 같은 요령으로 벗어나도록 하자.

먼저 볼의 위치를 평상시보다 왼쪽으로 옮겨 놓은 다음
양손을 볼보다 조금 더 오른쪽에 놓고 어드레스 자세를
취한다.

일반적인 볼의 위치

스윙할 때는 뒤땅이 심하게 나지 않게 하는데 디봇이 생기지 않도록 볼을 오른쪽으로 조금씩 옮기면서 연습을 해보면 좋다. 임팩트 순간에는 머리가 타깃 쪽으로 나가지 않게 주의하자.

어드레스 때 몸의 위치

★ TIP ▶

탄도를 높여서 장애물을 넘어가려면 손을
볼 뒤에 두고 디봇이 생기지 않을 정도로
약간의 캐스팅 느낌으로 볼을 임팩트해야
한다.

❻ 넉다운 샷

넉다운 샷은 상급 골퍼로 가기 위해 꼭 익혀야 하는 중요한 샷이다. 대부분 맞바람이 조금 강하게 불 때 구사하지만 뒷바람이 강하게 불 때도 멀리 날아가는 볼을 컨트롤 할 수 있는 아주 유용한 샷이다. 볼의 탄도를 낮춰서 거리를 맞추는 넉다운 샷은 바람의 세기에 따라 한두 클럽 정도 긴 클럽을 선택해야 한다. 보통 초속 3~4m의 바람, 즉 코스에서 바지나 옷깃이 조금 날릴 정도라면 한 클럽 길게 선택해서 그립을 3~4cm 정도 짧게 잡는다. 그다음 볼을 평상시보다 볼 한두 개 정도 간격으로 오른쪽에 놓는다.

일반적인 볼의 위치

스윙할 때 맞바람을 의식해서 임팩트를 너무 강하게 하는 것과 다운스윙 때 클럽헤드가 가파르게 내려와서 볼을 찍어치지 않도록 주의하자. 이렇게 하면 볼에 심한 백스핀이 걸려서 볼이 맞바람에 솟구치게 되고 거리가 현저히 줄어들게 된다. 넉다운 샷은 넉넉한 클럽으로 볼을 부드럽게 쓸어쳐서 바람 아래로 굴린다. 는 생각으로 해야 좋은 샷을 만들 수 있다.

NG

스윙은 어깨 회전을 크게 하여 좌우 스윙 폭을 넓게 하고 3/4스윙을 한다. 이때 양쪽 겨드랑이를 몸에 밀착시켜서 볼에 체중을 실어주자.

❼ 펀치 샷

많은 골퍼들이 넉다운 샷과 펀치 샷의 차이점을 잘 모르는 경우가 많은데 샷을 하는 요령은 비슷하지만 분명한 차이점이 있고 또 사용하는 상황도 다르다. 넉다운 샷은 맞바람이나 심한 뒷바람이 불 때 임팩트를 부드럽게 눌러 쳐서 볼의 탄도를 낮추고 거리를 맞추는 샷이라면 펀치 샷은 옆바람이 불 때 볼이 바람에 영향을 받지 않기 위해 임팩트를 강하게 쳐서 볼의 탄도를 낮추고 타구가 힘있게 뻗어 나가게 하는 샷이다. 셋업은 넉다운 샷과 마찬가지로 한 클럽 정도 긴 클럽을 선택하여 그립을 조금 짧게 쥐고 볼은 볼 한두 개 정도 간격으로 오른쪽에 놓는다.

스윙할 때는 손목 코킹을 많이 이용하여 강하게 펀치하듯이 3/4스윙을 한다. 이렇게 강하게 맞은 볼은 옆바람이 불 때 낮은 탄도로 바람을 뚫고 나가게 된다. 펀치 샷은 너무 강하게 끊어치려고 하면 정확한 임팩트를 만들기가 어렵고 자칫 잘못하면 몸에 힘이 많이 들어가기 때문에 충분한 연습이 필요하다.

❽ 드로우 샷

비거리를 늘리고 볼을 자유자재로 다루고 싶은 골퍼라면 드로우 샷을 치고 싶을 것이다. 하지만 드로우 샷과 같은 샷 메이킹을 시도하기 전에 꼭 알아두어야 할 것이 있는데 그것은 바로 볼 비행의 법칙(Ball flight laws)이다. 볼의 구질은 스윙 패스와 임팩트 순간에서의 클럽페이스 각도에 따라 달라지는데 스윙 패스는 타구가 날아가는 방향을 결정하고 임팩트 순간에서의 클럽페이스 각도는 타구의 휘어짐을 결정한다는 것이 바로 볼 비행의 법칙이다.

근래에는 타구를 정밀하게 측정하는 장비들이 발달하면서 타구의 초기 방향은 스윙 패스보다 클럽페이스 각도에 더 많은 영향을 받는다는 사실이 알려졌다. 이 때문에 볼 비행의 법칙에 의문을 제기하는 의견도 있지만 그것은 스윙할 때의 헤드 스피드와 연관이 있기 때문에 골프 스윙에 따른 볼 비행 방향을 익히기에는 볼 비행의 법칙만으로도 충분하다.

볼 비행의 법칙에 따르면 스윙 패스가 아웃 투 인으로 진행하면서 클럽페이스가 열린 상태로 볼을 임팩트하면 왼쪽에서 오른쪽으로 휘어지는 풀 페이드 구질이 되고, 반대로 스윙 패스가 인 투 아웃으로 진행하면서 클럽페이스가 닫힌 상태로 볼을 임팩트하면 오른쪽에서 왼쪽으로 휘어지는 푸시 드로우 구질이 된다. 이것은 말 그대로 법칙이며 인위적으로 바꿀 수 없는 과학적인 현상이기 때문에 이 볼 비행의 법칙을 기본으로 드로우 샷을 연습하면 한결 쉽게 샷을 할 수가 있다.

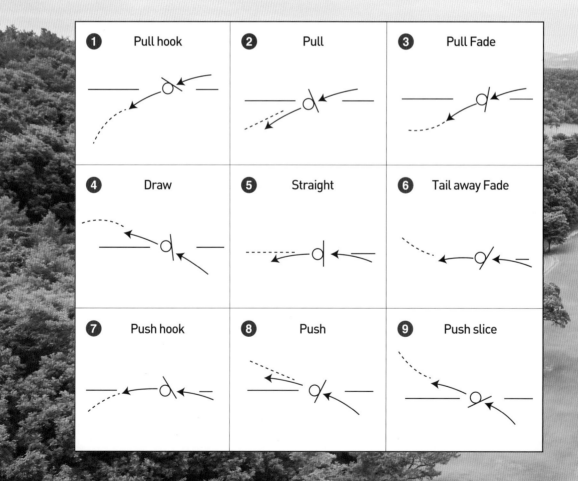

드로우 샷은 스윙 패스를 인 투 아웃으로 만들어서 클럽페이스가 약간 닫혀서 맞도록 릴리스해야 한다.

★ TIP

드로우 샷의 연습방법으로는 무릎 높이에서의 스윙이 있는데 클럽헤드가 무릎 높이까지 오게끔 들고 아래에서 위로 올려치는 스윙을 하면서 양쪽 팔뚝을 최대한 감아주는 릴리스를 하는 방식이다. 오랫동안 슬라이스나 페이드를 치던 골퍼라면 쉽게 되지 않기 때문에 꾸준히 연습을 해야 한다.

9 페이드 샷

페이드 샷은 스윙 패스가 아웃 투 인으로 진행해야 하는데 릴리스 타이밍을 늦추고 클럽페이스를 약간 열어서 볼을 임팩트해야 한다. 어드레스할 때 아웃 투 인 스윙 패스를 유도하기 위해서 왼발을 약간 뒤로 빼고 어드레스 자세를 취하면 쉽게 할 수 있다.

클럽헤드 진행 방향   타깃 방향

스윙할 때는 클럽 샤프트가 업라이트로 서서 스윙이 되어야만 페이드를 칠 수가 있다. 샤프트가 플랫하게 누워 있는 상황에서는 페이드는 커녕 생크가 발생하게 되니 주의하자. 임팩트 이후에는 클럽을 던지듯이 릴리스하지 말고 스퀘어 상태로 낮고 길게 밀어주는 느낌으로 릴리스한다.

★ TIP ▶

페이드 샷이 어려운 골퍼는 드로우 샷 연습과 마찬가지로 무릎 높이에서의 스윙을 하되 양쪽 팔뚝을 감는 릴리스 동작을 최대한 억제해보자. 그 방식으로 실제 스윙을 하면 깔끔한 페이드 샷을 구사할 수 있을 것이다.

⑩ 디봇에서의 아이언 샷

모든 트러블 샷은 볼의 라이가 안 좋을수록 볼의 위치를 뒷발 쪽으로 옮겨 놔야 한다. 특히 디봇에서의 샷은 가장 안 좋은 라이에 속하기 때문에 볼의 위치를 스탠스 중앙보다 볼 두 개 정도 간격으로 오른쪽에 놓고 어드레스하는 것이 좋다. 클럽은 펀치 샷을 할 때와 마찬가지로 한 클럽 길게 선택하고 정확한 컨택을 위하여 그립을 3~5cm 정도 내려 잡는다.

> ★ **TIP**
>
> 아마추어 골퍼 대부분은 페어웨이로 잘 날아간 볼이 디봇에 들어가 있는 것을 발견한 순간부터 운이 안 따른다는 실망감 때문에 더 큰 미스 샷을 초래하게 되는데 이 경우에는 무엇보다 볼이 놓여 있는 상태를 받아들이고 다음 샷에 집중하는 것이 중요하다.

스윙할 때눈 확실한 다운 블로우를 위하여 백스윙 때 코킹을 조금 일찍 해주고 체중이 오른쪽으로 가지 않도록 그 자리에서 몸을 회전시킨다.

그다음 기존에 있던 디봇을 조금 더 크게 만들어주는 느낌으로 과감하게 볼을 눌러 치고 3/4스윙으로 피니시를 한다. 이렇게 맞은 볼은 탄도가 낮고 런이 많기 때문에 그린으로 볼을 캐리하기보다는 그린 앞쪽에 볼을 떨어뜨려서 굴려 올린다는 생각으로 샷을 하자.

11

플라이어(Flyer) 라이란 볼의 라이가 깔끔하지 않고 반 정도 잔디에 잠겨 있는 상태를 말한다. 클럽페이스와 볼 사이에 잔디가 끼어 있을 때 임팩트를 하면 볼 캐리가 많이 나가고 스핀이 걸리지 않아서 런도 많이 발생하게 되는데 이를 플라이어라고 한다. 이 경우에는 한두 클럽 정도 짧은 클럽을 선택해서 그립을 짧게 쥐고 볼은 볼 한 개정도 간격으로 오른쪽에 놓는다.

> ★ **TIP**
>
> 플라이어는 러프뿐만 아니라 깎지 않은 긴 잔디의 페어웨이에서도 발생할 수가 있다. 헤드 스피드가 많이 나는 장타자일수록 플라이어 현상이 심해지기 때문에 주의해서 샷을 하자.

백스윙할 때는 코킹을 조금 일찍 해주고 다운스윙은 쓸어치기보다 약간은 찍어서 눌러 치는 것이 좋다. 이때 볼의 런이 많이 발생하기 때문에 핀까지 직접 캐리하는 것보다 그린 앞쪽이나 그린 바로 직전에 볼을 떨어트려서 굴려 보낼 생각으로 스윙을 해야 한다.

12

볼이 러프에 완전히 잠겨 있는 경우에는 평상시보다 한 클럽 정도 긴 클럽을 선택하여 찍어
쳐야 한다. 먼저 정확한 컨택을 위해 클럽을 짧게 쥐는데 왼손 그립을 조금 더 단단하게 쥐어
서 임팩트 순간에 클럽페이스가 돌아가지 않도록 하자. 볼은 볼 두 개 정도 간격으로 오른쪽
에 놓는다.

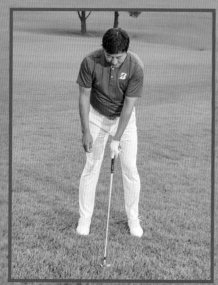

백스윙할 때는 손목을 가파르게 꺾어 올린다.

다운스윙은 볼 뒤의 잔디를 최대한 치지 않게 가
파르게 내려서 찍어치는데 스윙할 때 몸에 힘이
들어가서 정확한 임팩트를 못할 수 있기 때문에
상체가 아닌 손목으로만 찍어쳐야 한다. 이때 다
른 트러블 상황과 마찬가지로 낮은 탄도로 런이 많
이 발생하는 것을 생각하여 스윙하는 것이 좋다.

13

페어웨이 벙커 샷은 다른 트러블 샷에 비해 몇 가지 요령만 잘 익힌다면 쉽게 할 수 있다. 먼저 3/4 정도 컨트롤 스윙을 해야 하기 때문에 한 클럽 긴 클럽을 선택한 다음 클럽을 약간 짧게 잡고 양발을 모래에 견고하게 묻는다. 볼은 정확한 컨택을 위하여 볼 한두 개 정도 간격으로 오른쪽에 놓는다.

★ **TIP**

스윙 중에 스탠스가 좌우로 움직이지 않도록 양발의 안쪽을 조금 깊이 묻어도 좋다.

스윙할 때는 볼을 강하게 치는 것보다 머리가 흔들리지 않을 정도로 컨트롤 스윙을 하는 것이 좋다. 다시 말해 어드레스 때 턱을 조금 치켜들고 스윙하는 도중에 턱의 높낮이가 변하지 않도록 하면 깔끔한 임팩트를 만들 수가 있다. 페어웨이 벙커 샷에서는 뒤땅이 흔히 발생하기 때문에 의도적으로 적당한 탑핑을 내는 것도 좋은 요령이다.

14 젖은 잔디에서의 아이언 샷

비가 온 뒤 또는 이른 아침에 플레이를 하면 잔디가 많이 젖어 있기 때문에 평소에 볼을 쓸어치는 타법을 가진 골퍼는 깨끗한 컨택을 만들기가 어렵다. 하지만 젖은 페어웨이는 페어웨이 벙커 샷과 흡사한 부분이 많아 요령만 알면 플레이가 한결 더 쉬워진다. 먼저 페어웨이 벙커 샷처럼 뒤땅을 방지하고 3/4 정도 컨트롤 스윙을 하기 위해 한 클럽 긴 클럽을 선택한 다음 그립을 조금 짧게 잡는다. 볼은 볼 한두 개 정도 간격으로 오른쪽에 놓는다.

몸의 중심축

일반적인 볼의 위치

스윙할 때는 완만하게 쓸어치는 벙커와는 다르게 다운 블로우로 볼을 가격해야 젖은 잔디의 저항을 뚫고 제 거리를 낼 수가 있다. 여기서 중요한 것은 뒤땅이 안 나게 하는 것이기 때문에 스윙하는 도중에 몸의 중심축이 볼보다 약간 앞에 있는 느낌으로 스윙하는 것이 좋다.

⑮ 카트 도로에서의 아이언 샷

플레이를 하다 보면 간혹 카트 도로 위에서 샷
을 해야 하는 상황이 있다. 예를 들어 최근 거리
(Nearest point)로 구제를 받아야 하는데 깊은 러
프로 가야 하거나 해저드 또는 오비 라인이 있어서
구제가 여의치 않을 때는 그대로 카트 도로 위에서
샷을 하게 된다. 이때 볼을 먼저 맞히려고 스탠스
에서 너무 오른쪽에 볼을 놓게 되면 다운 블로우로
지면을 치게 되어 클럽 손상은 물론이고 부상도 입
을 수가 있다. 따라서 이 경우에는 한 클럽 긴 클럽
을 선택하여 그립을 조금 짧게 잡은 다음 볼을 스
탠스 중앙에 놓고 스윙하는 것이 좋다.

★ TIP ▶

여기서 중요한 포인트가 두 가지 있는데 첫 번째는 다운 블로우 샷이 되지 않기 위해서 백스윙과 다운스
윙 때 코킹을 하지 않는 것이다. 두 번째는 지면이 균일하지 않아 스탠스가 불안하기 때문에 하체를 쓰지
않고 어깨 회전으로만 3/4 정도의 컨트롤 스윙을 하는 것이다. 이 두 가지 사항을 잘 지키면 다운스윙이
완만하게 되어 볼만 걷어낼 수가 있다. 카트 도로에서의 샷은 아주 단단하게 다져진 흙 위에서 샷을 하는
느낌으로 스윙해야 잘 빠져나올 수가 있다. 하지만 아무리 깔끔하게 샷을 한다고 해도 클럽 솔 부분에 약
간의 스크레치는 감수해야 한다.

⑯ 벙커에 서서 잔디 위에 있는 볼을 처리할 때

볼이 벙커 경사면 턱에 걸려 있는 경우에는 벙커 안에서 스탠스를 하게 되는데 자칫하면 심한 뒤땅이 날 수도 있다. 이 경우에는 볼이 발보다 높이 있기 때문에 한 클럽 긴 클럽을 선택하여 그립을 많이 짧게 잡아야 한다. 경사면에서의 샷과 마찬가지로 짧은 클럽은 풀이 발생하고 조금 긴 클럽은 훅이 발생하기 때문에 상황에 따라 타깃의 오른쪽을 겨냥하고 경사가 클수록 클럽페이스를 약간 열어주어 훅을 방지하는 것이 좋다.

스윙은 페어웨이 벙커 샷과 마찬가지로 스탠스를 견고하게 묻고 컨트롤 스윙을 하는데 임팩트를 정확하게 할 수 있도록 집중해서 스윙하자.

17 백스윙때 제약이 있을 때

라운드를 하다 보면 나뭇가지나 길게 자란 잡풀과 같은 장애물 때문에 백스윙이 어려운 경우가 있다. 골프 룰에 따르면 백스윙 때 걸리는 풀이나 나뭇가지를 꺾거나 발로 휘어 감고 플레이하는 것은 라이 개선으로 벌타가 주어지기 때문에 이 상황에서는 조심해서 스윙을 해야 한다.

이 경우에는 자신이 볼을 얼만큼 보낼 수 있는지를 잘 판단해야 한다. 자칫 무리해서 큰 스윙을 하다가는 백스윙 때 클럽이 나뭇가지에 걸려서 헛스윙을 하는 등 미스 샷이 발생할 수 있기 때문에 클럽을 최대한 짧게 내려 잡고 백스윙을 어디까지 할 수 있는지 여러 번 반복해서 연습해보는 것이 좋다. 스윙할 때는 정확한 임팩트를 위하여 머리를 제자리에 고정하고 샷을 하되 자신의 스윙 템포와는 상관없이 백스윙을 최대한 천천히 해주어야 한다. 백스윙을 서두르면 원하는 스윙보다 조금 더 크게 스윙을 하게 되기 때문에 나뭇가지에 클럽이 걸릴 확률이 높아진다.

18홀 팔로우스루에 제약이 있을 때

팔로우스루에 제약이 있을 때는 임팩트 이후에 클럽이 나무 기둥이나 잡풀에 엉켜 손상될 수도 있고 심하면 부상을 입을 수도 있기 때문에 백스윙에 제약이 있을 때보다 더 까다롭다. 하지만 평소에 임팩트 드릴을 꾸준히 해왔다면 이 상황을 간단하게 벗어날 수 있다.

임팩트 드릴은 앞에서도 언급했듯이 임팩트 자세를 정확하게 만들어 방향성과 비거리를 향상시키는 연습법이다. 먼저 어드레스 자세에서 완벽한 임팩트 모양을 만들어본다. 완벽한 임팩트는 골반이 타깃 쪽으로 45도 정도 돌아가 있고 그립을 잡은 양손이 볼보다 약간 앞쪽에 위치하여 볼을 손목으로 누르는 듯한 자세이다.

그다음 다시 어드레스 자세로 돌아와서 방금
취했던 임팩트 자세를 상상하면서 평상시와
똑같은 스피드로 스윙하다가 임팩트에서 정
지해보자. 실제 스윙은 내려오는 스피드 때
문에 익스텐션까지 지나간 후에 정지하게 될
것이다. 이 연습을 많이 하면 팔로우스루 없
이도 클럽의 제 거리를 거의 다 칠 수가 있다.

평소에 임팩트 드릴을 연습해보지 못한 골퍼라도 스윙하기 전에 완
벽한 임팩트 자세를 만들어본 다음 실제 스윙할 때 임팩트 자세에서
정지하듯이 볼을 가격하면 된다. 하지만 이 경우에는 정확도가 떨어
지기 때문에 가급적 스윙을 작게 해주는 것이 좋다.

★ TIP ▷

백스윙이나 피니시가 좋지 않아도 임팩트만 좋으면 볼은 똑바로 나가
기 때문에 임팩트 드릴은 평소에 틈틈이 연습해두는 것이 좋다.

19 포대그린 공략법

그린이 높게 솟아 있는 포대그린을 공략하기 위해서는 볼의 탄도를 높여야 한다. 많은 아마추어 골퍼들이 탄도를 높이기 위해 과장된 하이 피니시를 하다가 탑핑이 나는 경우가 많은데 이때는 간단하게 셋업만 교정하는 것이 가장 효과적이다. 볼은 볼 한 개 정도 간격으로 왼쪽에 놓고 임팩트 때 상체가 타깃 쪽으로 나가지 않는 것에만 집중하면 탄도를 많이 높일 수가 있다.

생각보다 볼이 잘 뜨지 않는다면 스윙할 때 손목 코킹을 하지 말고 스윙 아크로만 볼을 임팩트해보자. 이렇게 하면 다운스윙 때 클럽을 끌고 내려오는 다운 블로우를 어퍼 블로우로 만들게 되어 탄도가 높아진다. 단, 이때는 거리 손해를 조금 볼 수 있기 때문에 한 클럽 정도 긴 클럽을 선택해야 한다.

20 슬라이스의 원인과 개선

슬라이스가 나는 이유는 다운스윙이 너무 가파르게 내려오기 때문이다. 다운스윙이 가파르게 내려오면 아웃 투 인의 스윙 궤도가 그려지고 인으로 들어오는 동작은 클럽헤드를 끌고 나가는 치킨윙 동작을 유발시키므로 왼쪽에서 오른쪽으로 휘어지는 슬라이스 구질을 만들게 된다.

슬라이스를 방지하기 위해서는 드라이버 파트에서 알려준 것과 마찬가지로 야구스윙 연습이 효과적이다. 먼저 클럽헤드를 허리 높이로 들고 마치 야구 배트로 스윙하듯이 여러 번 스윙을 해본다. 이때 아래에서 위로 홈런을 노리는 타자처럼 스윙하면서 오른손으로 완손을 감아 돌리듯 릴리스 동작도 같이 해본다. 그다음 무릎 높이에서 같은 동작으로 스윙을 여러 번 해보고 마지막으로 기존의 어드레스 자세에서 스윙 연습을 하면 인 투 아웃의 드로우 스윙을 익힐 수가 있다.

★ TIP

야구 스윙 연습을 반복해서 다운스윙을 인 투 아웃 궤도로 만들어야만 슬라이스 구질을 확실하게 없앨 수 있다.

21 훅의 원인과 개선

훅은 슬라이스와는 반대로 스윙 궤도가 너무 완만할 때 발생한다. 스윙 궤도가 심하게 플랫해지면 인 투 아웃으로 스윙이 되고 이와 함께 임팩트 때 클럽페이스가 닫혀서 볼을 치게 되면 악성 훅 구질이 발생하게 된다.

이를 방지하기 위해서는 백스윙할 때 클럽헤드가 손보다 앞으로 진행하는 느낌으로 업라이트 스윙을 해야 하는데 이때 양손이 몸으로부터 멀어지지 않도록 겨드랑이를 밀착시켜야 한다.

★ TIP

백스윙 때 클럽헤드를 타깃의 연장선으로 길게 똑바로 빼주기만 해도 심한 훅을 교정할 수가 있다. 이는 백스윙 때 인사이드로 들어가는 클럽헤드를 똑바로 유지하는 효과가 있기 때문이다.

22

탑핑은 클럽헤드로 볼의 윗부분을 치는 현상으로 아마추어 골퍼 사이에서 흔하게 발생하는 미스 샷이다. 스윙할 때 탑핑이 나는 이유는 크게 두 가지가 있다. 첫 번째는 스윙을 하는 도중에 척추 축이 들려서 임팩트가 되기 때문인데 이 경우에는 백스윙 때 클럽을 너무 가파르게 들어 올리지는 않은지 확인해야 한다.

어드레스 때 몸의 위치

만약 가파르게 들어 올린다면 백스윙을 시작할 때 클럽헤드를 지면에 스치듯이 옆으로 밀어 올리는 연습을 하여 상체가 들리는 것을 방지하자.

NG

두 번째는 다운스윙 때 심한 체중 이동으로 상체가
타깃 쪽으로 많이 이동하기 때문인데 이는 스윙할 때
몸에 힘이 너무 들어가서 생기는 현상이다.

탑핑이 나면 가장 먼저 몸에 힘을 빼고 스윙할 때 얼굴이 최대한 제자리에 있도록 해야 한다. 하지만 얼굴을 제자리에서 움직이지 않고 스윙하다 보면 백스윙할 때 상체의 역 피봇 현상이 생길 수 있기 때문에 몸이 유연하지 않은 골퍼는 백스윙 때 약간 오른쪽으로 움직였다가 임팩트 때 다시 제자리로 돌아오도록 하자. 이때 몸이 볼을 앞서 나가지 않도록 주의한다면 탑핑을 없앨 수가 있다.

NG

㉓ 뒤땅의 원인과 개선

뒤땅은 탑핑의 정반대 경우로 생각하면 되는데 다음 두 가지 요인 때문에 주로 발생한다. 첫 번째는 스윙을 하는 도중에 척추 축이 주저앉기 때문이다.

어드레스 때 몸의 위치

OK

다운스윙 때 척추 축이 주저 않는 골퍼는 백스윙을 시작할 때 얼굴과 볼의 간격이 가까워지지 않게 주의하자. 또한 백스윙 탑에서 왼쪽 어깨가 너무 아래로 떨어지지 않도록 어깨 회전을 조금 더 수평으로 해주는 것이 좋다.

두 번째는 백스윙 때 오른쪽으로 간 체중이 제대로 이동하지 않은 채로
다운스윙을 하여 볼을 임팩트하기 때문이다.

점진적인 가속을 준다

이 경우에는 백스윙에서 다운스윙으로 전환할 때 스윙 템포가 너무 급하게 움직이지는 않은지 확인해 볼 필요가 있다. 볼을 강하게 치려고 하다 보니 백스윙에서 다운스윙으로의 전환이 급한 골퍼를 흔히 볼 수가 있는데 이와 같은 습관을 가진 골퍼는 항상 백스윙을 끝까지 다하고 다운스윙 때 점진적인 가속을 주어 임팩트 이후에 최대 스피드가 붙는 느낌으로 스윙하는 것이 좋다. 이렇게 하면 뒤땅을 방지할 뿐만 아니라 비거리와 방향성 모두 개선되는 것을 실감하게 될 것이다.

NG

24 토우 히팅의 원인과 개선

어드레스 때 볼과의 간격을 평상시와 똑같이 했음에도 불구하고 클럽페이스 앞쪽에 볼이 맞는다면 다음 두 가지를 확인해야 한다. 첫 번째는 스윙하는 도중에 상체를 일으켜서 체중이 뒤꿈치로 옮겨지지는 않은지 확인하는 것이다. 볼을 강하게 치려고 하다 보면 다운스윙할 때 골반과 척추 축이 같이 펴지면서 체중이 뒤꿈치로 가게 되는데 이렇게 되면 스윙이 볼에서 멀어져 토우 쪽으로 볼을 치게 된다.

이 경우에는 척추 축을 같은 앵글로 고정하여 스윙하는 연습을 하면 정타를 맞힐 수가 있다.

일반적인 다운스윙 궤도

두 번째는 다운스윙 궤도가 업라이트로 가파르게 내려오는 경우이다. 다운스윙 때 상체가 먼저 내려오는 오버 더 탑이 되면 대부분 다운스윙 궤도가 업라이트로 되어 토우 히팅을 하게 된다.

이 경우에는 다운스윙 초기에 하체의 체중 이동을 신경 써서 상체와 팔이 조금만 뒤쳐져 내려오는 느낌으로 스윙하면 정타를 맞힐 수가 있다.

25 클럽헤드 안쪽에 들어가는 스윙의 해결

볼이 안쪽에 맞는 경우도 크게 두 가지를 확인해야 한다. 첫 번째는 스윙하는 도중에 체중이 앞쪽으로 쏠리면서 머리가 볼 쪽으로 다가가며 임팩트하지는 않은지 확인해야 한다. 비거리를 늘리기 위해서 임팩트를 평소보다 강하게 하면 체중이 볼 쪽으로 쏠리는 경우가 있는데 피니시할 때 체중이 볼이 있던 방향으로 쏠려 있는지를 확인하면 쉽게 알 수가 있다.

일반적인 어드레스 때 몸의 위치

이 경우에는 어드레스 때부터 체중이 계속 뒤꿈치에 남아있는 느낌으로 스윙하면 되는데 너무 과하게 뒤꿈치로 주저앉지 않도록 주의해야 한다. 실제로 강한 임팩트를 만들기 위해서는 임팩트 때 체중이 앞꿈치 쪽에 있는 것이 좋으므로 이와 같은 연습은 느낌상으로만 하자.

뒤꿈치에 체중이 남아있는 느낌

두 번째는 다운스윙 때 과도한 하체의 움직임으로 샤프트가 플랫하게 처질 때인데 이 경우에는 심하면 생크까지 발생할 수가 있다.

볼이 안쪽에 맞는다고 해서 점점 볼에서 멀리 서면 스윙은 더 플랫해질 수밖에 없다. 이때는 백스윙 때 클럽을 업라이트로 가파르게 들어 올린 다음 다운스윙 때 체중 이동을 조금 줄이고 골반이 제자리에서 회전하는 느낌으로 스윙하면 다운스윙 궤도가 업라이트로 바뀌면서 볼을 정확하게 임팩트할 수 있다.

㉖ 타구한 볼의 힘이 약한 원인과 개선

타구한 볼의 방향은 똑바로 가지만 힘없이 위로 뜨기만 한다면 임팩트 때 손목이 일찍 풀리는 캐스팅 현상이 일어나기 때문이다. 이 경우에는 보통 숏 아이언 샷을 해도 디봇이 생기지 않고 볼만 맞아서 날아가게 되는데 임팩트가 조금 더 다운 블로우로 맞게끔 연습을 할 필요가 있다.

이를 위한 가장 효과적인 방법은 바로 넉다운 샷이다. 넉다운 샷을 할 때는 그립을 좀 더 견고하게 쥔 상태에서 양손을 조금 더 타깃 쪽으로 밀어주는 핸즈 포워드 자세를 취해야 한다. 임팩트 때는 양손이 클럽 헤드보다 앞에 있어야 하고 피니시는 최대한 낮게 하여 3/4스윙을 한다. 임팩트 순간에는 왼쪽 손등이 지면을 향하는 느낌으로 볼을 눌러서 낮게 쳐야 하는데 이때 슬라이스가 나지 않도록 오른쪽 팔뚝을 회전하면서 릴리스해야 한다.

★ TIP

넉다운 샷을 연습하면 풀 스윙을 하지 않아도 거리가 많이 나가는 것을 느낄 수 있을 것이다. 많은 연습이 필요한 샷이지만 잘 구사하면 볼이 적정 탄도로 날아가면서 한층 더 안정된 아이언 샷을 할 수가 있다.

27 탄도가 낮은 원인과 개선

잘 맞은 볼의 탄도가 너무 낮게 날아간다면 대부분 다운스윙 때 상체가 타깃 쪽으로 나가면서 가파른 스윙을 하여 디봇 또한 깊게 파이는 경우이다. 이는 아이언을 꼭 다운 블로우로 쳐야 한다는 강박이 있거나 심한 체중 이동을 할 때 생기는 현상인데 이때는 탑핑 또한 많이 발생할 수가 있다.

이 경우에는 임팩트 때 머리를 최대한 볼 뒤에 두고 가격하는 느낌으로 스윙을 해야 한다. 머리가 자꾸 타깃 쪽으로 나간다면 다운스윙 때 양손과 가슴 사이의 간격을 최대한 멀리 유지하도록 스윙 폭을 크게 그리는 연습을 하는 것이 좋다.

28 푸시의 원인과 개선

아이언 샷이 푸시가 날 때는 대부분 스윙 궤도가 인 투 아웃으로 진행되고 샤프트가 아래쪽으로 약간 처져있다. 주로 스윙 폭이 좁은 골퍼에게 많이 나타나는 현상인데 백스윙 때 클럽헤드가 급격히 인사이드로 들어오기 때문에 다운스윙 때 헤드가 인 투 아웃으로 진행되어 잘 맞은 볼도 약간은 쓸려 맞은 듯한 느낌이 들게 된다.

일반적인 백스윙 때 클럽의 위치

이 경우에는 먼저 어드레스 때 볼과의 거리가 너무 멀지는 않은지 확인해봐야 한다. 볼에서 멀리 서면 스윙 궤도 자체가 플랫해져서 푸시나 훅이 발생할 수 있기 때문이다. 정상적인 스탠스에서도 푸시가 난다면 백스윙할 때 클럽 헤드를 약간 업라이트로 코킹하면서 꺾어 올려주는 것이 좋다.

이때 너무 급하게 들어 올리지 않도록 처음 10cm 정도는 지면을 스치듯이 시작한 다음 업라이트로 코킹을 하면 임팩트가 깔끔한 아이언 샷을 할 수가 있다.

29 풀의 원인과 교정

풀 샷은 클럽헤드가 아웃 투 인으로 진행할 때 생기는 미스 샷인데 이때는 먼저
샤프트가 업라이트로 가파르게 움직이지 않도록 해야 한다.

스윙 폭을 최대한 넓게 유지하고 샤프트를 살짝 플랫하게 눕혀서 스윙하면 풀 샷을 쉽게 고칠 수 있으나 풀 샷을 치는 골퍼는 대부분 임팩트 순간에 상체가 같이 열리는 문제점을 가지고 있기 때문에 상체를 닫고 타깃 오른쪽으로 밀어치는 느낌으로 다운스윙을 해야 한다. 다시 말해 풀 샷을 방지하려면 임팩트 때 상체가 열리는 것을 방지하기 위해 백스윙 때 어깨 턴을 최대한 많이 해야 하고 백스윙 탑에서 샤프트를 플랫하게 눕힌 다음 타깃 오른쪽으로 밀어쳐야 한다는 것이다. 풀 샷이 심해지면 생크도 발생할 수 있으므로 이를 염두에 두고 교정을 하는 것이 좋다.

NG

㉚ 생크의 원인과 개선

미스 샷 중에 가장 최악이라는 생크가 발생하는 이유는 크게 두 가지가 있다. 첫 번째는 스윙하는 도중에 상체가 볼 쪽으로 달려들거나 타깃 쪽으로 나가 심한 오버 더 탑을 만들 때이다.

OK

이 경우에는 어드레스부터 피니시까지 체중을 약간 뒤꿈치에 두고 머리는 제자리에서 움직이지 않고 볼을 임팩트해야 하는데 백스윙할 때 체중이 오른발 뒤꿈치 쪽으로 이동하는 것을 신경 쓴다면 생크를 방지할 수가 있다.

일반적인 스윙 궤도

두 번째는 스윙하는 도중에 샤프트가 심하게 플랫으로 들어오는 경우인데 특히 백스윙 탑에서 클럽헤드가 타깃 왼쪽으로 향하는 레이드 오프(laid off)가 될 때 생크가 발생하게 된다. 웨지나 숏 아이언이 생크가 나는 골퍼는 대부분 이 경우에 해당할 것이다.

일반적인 스윙 궤도

이때는 스윙할 때 클럽헤드가 양손보다 항상 바깥쪽에 위치하는 업라이트 스윙을 해야 한다. 특히 백스윙 탑에서 클럽헤드가 타깃 오른쪽을 향하는 크로스(crossed) 느낌으로 스윙을 하면 정타를 맞힐 수가 있다.

필드에서 갑자기 생크가 나면 당황하여 스윙이 위축되기가 쉬운데 이럴 때 간단하게 할 수 있는 응급처치가 있다. 어드레스 때 클럽의 힐 부분에 볼이 오게끔 하고 다운스윙 때 클럽헤드를 안쪽으로 8자로 움직여 힐이 아닌 토우 쪽으로 볼을 맞히는 느낌으로 스윙하는 것이다. 이렇게 하면 즉각적으로 생크를 방지할 수가 있다.

MISS & TROUBLE SHOT

그린 주변에서의
어프로치
Approach

Chapter 04

01 그린 주변에서의 어프로치 샷

1 칩 샷의 기본 셋업과 방법

그린 주변에서의 어프로치 샷 중에서 가장 많이 하는 샷은 아마도 그린에 볼을 떨어뜨려서 핀까지 굴리는 칩 샷일 것이다. 그린을 미스할 확률이 50% 이상인 아마추어 골퍼에게는 퍼팅만큼이나 중요한 샷이지만 정확하게 구사하지 못하는 경우가 많다. 칩 샷을 잘하기 위해서는 먼저 칩 샷의 기본을 알아야 하는데 칩 샷은 퍼팅의 연장선으로 그린 주변에서 퍼팅을 할 수 없을 때 볼을 살짝 띄워 굴리는 샷이다. 이때 스탠스를 과하게 오픈하거나 필요 이상으로 자세를 낮추는 것은 정확한 칩 샷을 하는 데 방해가 된다. 따라서 스탠스를 약간 좁게 선 다음 볼을 볼 한 개 정도 간격으로 오른쪽에 놓고 피칭 웨지로 손목을 거의 쓰지 않는 퍼팅 스트로크를 하여 볼을 굴려야 한다.

스트로크할 때는 임팩트 모양을 상상하면서 골반을 타깃 쪽으로 조금만 돌려주면 되는데 이때 양팔이 너무 벌어지지 않도록 양쪽 겨드랑이를 살짝 조이는 느낌으로 스트로크하면 한층 더 안정된 칩 샷을 구사할 수 있다.

겨드랑이를 살짝
조이는 느낌

② 부드럽게 띄우는 피치 샷

그린 앞쪽에 위치한 벙커 등의 장애물을 부드럽게 띄워서 넘기는 피치 샷을 하기 위해서는
먼저 정확한 셋업이 우선되어야 한다. 셋업이 정확하지 않은 상태에서 볼을 띄우려고 하다가
는 억지로 들어 올리는 샷을 하게 되어 더블 히트와 같은 미스 샷을 유발하기 때문이다. 피치
샷을 할 때는 칩 샷보다 스탠스를 조금 더 넓게 서서 볼의 위치를 중앙이나 중앙에서 약간 왼
쪽에 둔다. 양손은 볼을 지나치지 않게 볼 위쪽에 위치한다.

스윙할 때는 손목을 거의 쓰지 않고 낮게 쓸어치는 스윙을 한다. 보통 샌드웨지나 로브웨지 등 로프트가 가장 높은 클럽을 사용하지만 필요에 따라 클럽페이스를 약간 열고 샷을 하기도 한다. 이때 가장 중요한 포인트는 찍어치는 것이 아니라 쓸어치는 것이다. 불필요한 체중 이동은 다운 블로우로 볼을 찍어치게 되어 원하는 탄도를 얻지 못하기 때문에 띄우는 샷을 할 때는 체중을 중앙이나 약간 오른쪽에 두고 체중 이동 없이 쓸어쳐야 한다.

③ 피치 앤 런

그린 주변에서 플레이를 하다 보면 볼을 조금 띄워서 굴려야 하는 상황이 발생하는데 이럴 때 필요한 샷이 바로 샌드웨지나 피칭웨지를 이용한 피치 앤 런이다. 피치 앤 런의 셋업은 스탠스를 좁게 서서 볼을 볼 두 개 정도 간격으로 오른쪽에 놓고 골반을 약간 왼쪽으로 이동시킨다. 이때 그립을 잡은 양손은 볼보다 앞쪽에 위치한다.

양쪽 겨드랑이를 몸에 밀착시킨 상
태로 백스윙 때 적당한 코킹을 한
다음 다운스윙 때 골반을 회전시키
면서 힘있게 임팩트한다. 스윙할 때
양쪽 겨드랑이가 몸에서 떨어지지
않게 하고 손목 코킹도 풀리지 않게
주의하면서 골반을 회전시키고 볼
을 눌러 치자.

★ TIP ⟩

눌러 친다는 것은 임팩트 순간 양
손이 클럽헤드를 리드하면서 샷
을 하는 것이다. 일반적으로 클
럽헤드를 풀어 던지는 임팩트와
는 상반된 방식인데, 잘 연습하
면 깔끔한 피치 앤 런을 구사할
수가 있다.

4 역결에서의 샷

어프로치 샷을 할 때 간혹 임팩트가 잘 들어갔어도 클럽이 잔디에 걸려서 앞으로 나아가지 못하고 볼의 캐리가 짧아지는 경우가 있는데 이때는 볼이 놓여 있던 곳의 잔디가 역결인지 확인해볼 필요가 있다. 샷을 할 때는 먼저 볼이 놓여 있는 라이를 세심하게 살필 필요가 있는데 그중에서 빼놓을 수 없는 것이 바로 잔디의 결을 살피는 일이다. 잔디의 결은 자세히 관찰하거나 연습 스윙을 통해서 클럽헤드가 잘 빠져나가지 않는 것을 보면 알 수가 있다. 이 상황에서는 일단 정확한 컨택을 위해서 볼의 위치를 오른쪽으로 옮기고 양손을 타깃 쪽으로 밀어주는 핸즈 포워드 자세를 취한 다음 스트로크해주면 된다.

스윙할 때는 볼을 억지로 찍어치는 것보다 백스윙 때 약간의 콕킹을 하고 그것을 유지하면서 볼을 치는 것이 더 깔끔한 임팩트를 만들수가 있다. 다만 잔디의 저항으로 인해 임팩트순간에 스윙 속도가 떨어지기 때문에 원하는거리보다 조금 더 길게 캐리하는 느낌으로 견고하게 샷을 해야 한다.

❺ 로브 샷

로브 샷은 피치 샷보다 볼을 더 높이 띄워서 런 없이 빨리 정지시켜야 할 때 하는 샷인데 평소에 잘 연습해 두면 아주 요긴하게 쓸 수가 있다. 로브 샷 역시 다른 샷과 마찬가지로 셋업이 중요하다. 스탠스는 조금 넓게 벌리고 볼의 위치를 왼발 안쪽에 둔 다음 클럽페이스를 많이 열고 자세를 낮춰서 셋업한다.

스윙할 때는 체중을 약간 오른쪽으로 실어주면서 손목을 많이 쓰지 않고 완만한 'U' 자 모양의 스윙을 한다. 로브 샷은 헤드 스피드가 감속하면 손목이 풀리면서 탑핑이 날 수 있기 때문에 부드러운 가속이 꼭 필요하다. 또한 스윙하는 도중에 상체가 들리지 않도록 주의하자.

6

플롭 샷은 로브 샷과 흡사하지만 볼의 라이가 나쁘거나 볼을 빨리 정지시켜야 할 때 시도하는 샷이다. 볼은 중앙에서 약간 왼쪽에 놓고 오픈 스탠스로 넓게 선다. 그다음 클럽페이스를 최대한 많이 열고 자세와 양손의 위치를 낮게 한다. 어드레스 때 손의 위치가 낮을수록 클럽페이스가 지면에 바짝 붙기 때문이다.

스윙은 로브 샷과는 다르게 손목을 많이 써서 'V'자 모양으로 스윙한다. 백스윙 때는 손목 코킹을 일찍 하고 다운스윙 때 그립을 잡은 손보다 클럽헤드가 먼저 볼 밑을 파고드는 느낌으로 손목을 풀어준다면 강한 백스핀으로 힘없이 떨어지는 플롭 샷을 구사할 수가 있다. 손목을 많이 쓰는 만큼 위험 부담이 있지만 클럽헤드가 볼 밑을 빠르게 지나가도록 임팩트에 집중한다면 성공률을 높일 수가 있다.

❼ 범프 앤 런

높이 솟아 있는 포대그린을 공략하기 위해서는 두 가지 옵션이 있는데 하나는 위험 부담이 큰 로브 샷이
고, 다른 하나는 언덕을 치고 올라가는 범프 앤 런이다. 보기 플레이 수준의 아마추어 골퍼에게는 볼의 라
이가 까다롭거나 잔디가 짧을 때 상대적으로 안전한 범프 앤 런을 추천한다. 범프 앤 런을 할 때는 피칭이
나 9번 아이언 혹은 경사도에 따라 7, 8번 아이언을 선택하는 것이 좋다. 셋업은 평상시 칩 샷을 할 때보다
더 오른쪽에 볼을 놓고 양손을 타깃 쪽으로 좀 더 밀어주는 핸즈 포워드 자세를 취한다.

스윙은 동작이 너무 크지 않게 인 투 아웃으로 한다. 이때 클럽헤드의 토우 부분을 살짝 릴리즈하여 스트로크해준다면 볼에 탑스핀이 걸려 언덕을 치고 올라갈 수 있는 탄력을 얻게 된다. 범프 앤 런은 많은 경험이 필요한 샷인 만큼 클럽의 선택과 임팩트의 강약을 정확하게 판단해야 한다. 따라서 샷을 하기 전에 볼이 떨어질 지점을 상상하여 가상의 그림을 잘 그리는 것이 중요하다.

❽ 핀과의 거리가 짧은 칩 샷

짧은 거리의 칩 샷은 간단해 보이지만 뒤땅이나 탑핑 등 잦은 미스 샷이 발생하기 때문에 부드럽고 일관성 있는 리듬으로 스트로크하는 것이 중요하다. 정교하고 짧은 칩 샷을 하기 위해서는 평상시 칩 샷을 할 때보다 조금 더 볼에 가까이 다가서서 클럽 샤프트를 거의 수직으로 세우는 셋업이 필요하다. 이때 클럽 헤드의 힐 부분은 지면에서 살짝 들어준다.

힐을 살짝 들어준다

그다음 퍼팅 스트로크하듯이 샷을 하면 클럽 토우 부분에 볼이 맞게 되어 그린에 떨어진 볼은 힘이 없고 멀리 나가지 않게 된다. 이때 손목을 사용하거나 코킹을 하지 않기 위해서 퍼팅 그립을 잡는 것도 좋지만 워낙 스트로크 자체가 작다 보니 정교하게 치기는 쉽지 않을 것이다. 정교한 터치감을 얻으려면 부드럽고 일관성 있는 리듬감으로 스트로크를 해야 한다.

맨땅에서의 어프로치

그린 주변에서의 어프로치 샷 중에 잔디가 많이 없는 맨땅에 볼이 위치해 있을 때는 로브웨지나 샌드웨지 등 로프트가 많은 클럽보다 피칭이나 9번, 8번 아이언과 같이 볼을 굴릴 수 있는 클럽을 선택하는 것이 좋다. 볼은 오른쪽으로 많이 옮겨 놓고 양손은 타깃 쪽으로 좀 더 밀어주는 핸즈 포워드 자세를 취한다.

스트로크할 때는 임팩트보다 클럽을 잡고 있는 그립에 집중하여 그립만 똑바로 좌우로 움직인다. 이렇게 하면 좋은 템포로 안정된 샷을 할 수가 있다.

★ TIP

손목을 쓰지 않고 완만하게 스트로크하는 것도 미스 샷을 줄이는 좋은 방법이다. 이때 약간의 탑핑이나 뒤땅이 나더라도 퍼팅 스트로크처럼 작은 스윙이기 때문에 문제 없이 볼을 핀 근처로 보낼 수가 있다.

⑩ 오르막 라이에서의 어프로치

오르막 라이에서의 어프로치 샷은 핀의 위치에 따라 두 가지 방법으로 샷을 할 수가 있다. 핀이 그린 뒤쪽으로 멀리 위치해 있어서 러닝 어프로치가 필요한 경우에는 피칭웨지나 그보다 로프트가 적은 클럽을 선택하여 스탠스를 좁게 서고 볼을 오른쪽에 놓는다.

그다음 손목 코킹 없이 양손으로 볼을 약간 눌러치는 느낌으로 경사면을 따라 스트로크하면 정확한 임팩트를 만들 수가 있다.

핀이 그린 앞쪽에 있어서 볼을 곧바로 세워야 할 때는 볼을 왼쪽에 놓고 경사면을 따라 스트로크한다. 이 때 손목을 쓰지 않고 약간 밀어 올려치는 타법으로 샷을 하면 볼을 손쉽게 띄워 그린에 올릴 수가 있다. 왼쪽에 놓인 볼 때문에 자칫하면 임팩트 때 손목이 풀려 맞아 터무니없이 짧은 샷이 나올 수도 있는데 이를 방지하기 위해서는 양손을 타깃 쪽으로 좀 더 밀어주는 핸즈 포워드 자세를 취하는 것이 중요하다.

★ TIP ❯

오르막이나 내리막 어프로치 샷을 할 때는 풀스윙이 아니기 때문에 중심을 잃는 경우가 거의 없다. 따라서 스탠스를 넓게 서기보다 오히려 좁게 설수록 볼을 정확하게 찍어칠 수가 있다.

11 내리막 라이에서의 어프로치

내리막 라이처럼 평지가 아닌 상황에서 가장 중요한 것은 경사도에 따라 볼을 오른쪽으로 옮기는 것이다. 그다음 골반과 어깨를 경사면에 맞춰 서는데 이때 스탠스를 좁게 설수록 정확한 임팩트를 만들 수 있고, 미스 샷도 줄일 수가 있다.

그다음 경사면을 따라 골반을 회전하면서 스트로크하면 정교한 샷을 만들어낼 수 있다. 이때 팔로만 스트로크하면 미스 샷이 발생할 수 있기 때문에 어드레스 때부터 양쪽 겨드랑이를 몸에 붙이고 골반을 회전하면서 스트로크해야 한다.

★ TIP

스트로크할 때 팔로우스루가 자연스럽지 않을 경우에는 왼발을 약간 뒤쪽으로 빼고 어드레스하면 한결 편하게 팔로우스루를 할 수 있다.

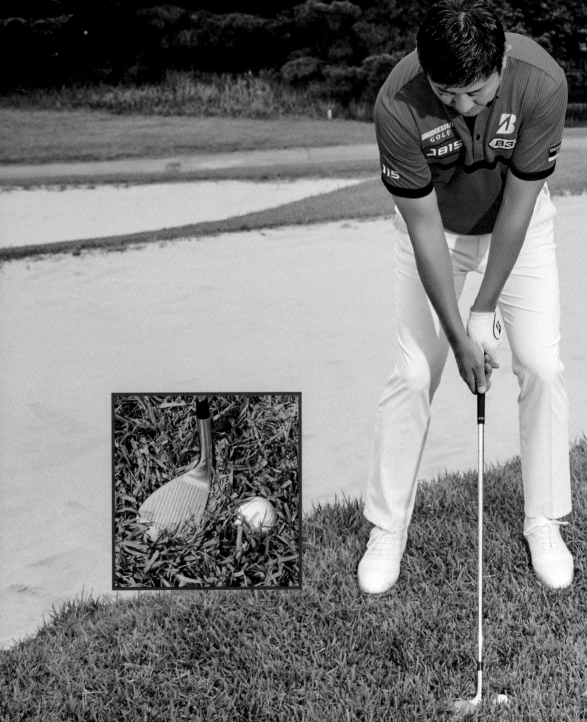

12 깊은 러프에서의 어프로치

깊은 러프에서는 볼을 오른쪽에 놓고 다운 블로우로 찍어치면 쉽게 나올 수가 있다. 하지만 아주 심한 러프인데 그린에 볼을 떨어뜨려서 많이 굴릴 수도 없는 상황이라면 난이도가 상당히 높아지게 되는데 이때는 벙커 샷을 상상하면서 볼을 부드럽게 띄우는 샷을 해야 그린에 안착시킬 수가 있다. 셋업은 스탠스를 넓게 서고 자세를 낮춘 다음 볼을 스탠스 중앙이나 약간 왼쪽에 놓는다.

스윙은 벙커 샷처럼 백스윙 때 손목 코킹을 빨리하고 볼 뒤
에 있는 모래를 힘껏 때리듯이 러프를 내려친다. 임팩트 때
러프가 완충 작용을 하기 때문에 그린에 떨어진 볼은 많이
구르지 않는다. 단, 러프에서는 생각보다 볼이 쉽게 나오기
때문에 벙커 샷보다 조금 작게 스윙을 해야 한다.

02 벙커 샷

1

벙커 샷을 완벽하게 하려면 클럽페이스를 많이 열고 클럽헤드 바닥 부분인 솔(sole)로 볼 뒤 5cm의 모래를 때려야 한다. 벙커 샷에서는 타구가 심하게 오른쪽으로 밀리거나 생크가 발생할 수 있으므로 볼을 왼쪽에 놓고 스탠스를 적당히 넓게 서서 자세를 낮춘다. 이렇게 셋업하면 스윙할 때 클럽이 가파르게 모래를 파고드는 것을 방지할 수가 있다.

클럽페이스가 열려 있는 점을 감안하여 타깃의 왼쪽을 겨냥한다.

스윙할 때는 백스윙을 지나치게 바깥쪽으로 들어 올려서 찍어치는 것보다 타깃 왼쪽을 향하고 있는 스탠스 방향대로 스윙하는 것이 좋다. 특히 백스윙 때 적당한 코킹을 하여 피니시까지 유지할 수 있다면 볼을 벙커에서 손쉽게 띄울 수가 있다.

다운스윙할 때는 손목이 풀리면서 볼을 두껍게 치거나 탑핑이 발생할 수 있으므로 평소보다 양쪽 겨드랑이를 몸에 바짝 붙여야 한다. 또한 팔로만 스윙하는 것보다 골반을 같이 회전시켜서 스윙하면 깔끔한 벙커 샷을 할 수가 있다.

❷ 볼이 발보다 높은 오르막 라이에서의 벙커 샷

볼이 발보다 높은 상황에서는 모래가 두껍게 맞는 것을 피하기가 어렵다. 두껍게 맞는 상황을 피하려다가 오히려 더 심한 미스 샷이 발생할 수 있기 때문에 클럽을 넉넉하게 선택하여 모래를 두껍게 치도록 하자. 클럽은 샌드웨지보다 갭웨지를 선택하고 경사가 더 심하면 피칭웨지를 선택한다. 볼은 스탠스 중앙에 놓고 그립을 약간 짧게 쥔 다음 클럽페이스를 조금만 열고 어드레스한다.

스윙할 때는 손목 코킹을 하지 않고 겨드랑이를 몸에 붙인다. 클럽을 넉넉하게 선택했기 때문에 동작을 크게 하기보다는 몸의 중심이 흔들리지 않고 절제된 스윙을 하는 것이 좋다.

3 공이 발보다 낮은 내리막 라이에서의 벙커 샷

볼이 발보다 낮은 내리막 라이에서의 벙커 샷은 오르막 라이에 비해 쉽게 샷을 할 수가 있다. 볼은 평소 벙커 샷과 마찬가지로 스탠스 중앙에서 약간 왼쪽에 놓고 자세를 안정적으로 낮춘다. 어드레스할 때는 오른발을 약간 뒤쪽으로 옮기고 오른쪽 뒤꿈치를 살짝 들어준 다음 체중을 왼쪽으로 조금 더 실어주는데 이는 샷을 하는 도중에 불필요한 체중 이동을 없애기 위함이다. 그 상태로 왼쪽 무릎만 흔들리지 않고 스윙하면 탑핑과 같은 큰 실수를 하지 않는다.

임팩트 위치

스윙할 때는 왼쪽 다리를 강하게 지탱하여 왼쪽 무릎이 흔들리지 않게 하자. 이렇게 하면 볼 뒤에 원하는 지점을 정확하게 가격할 수가 있다.

④ 왼발 오르막 라이에서의 벙커 샷

그린 방향으로 오르막 라이인 경우에는 샌드웨지의 클럽페이스를 굳이 많이 열어줄 필요가 없다. 그렇게 하면 샷의 탄도가 너무 높아져서 자칫하면 벙커 탈출을 실패할 수도 있기 때문이다. 일반적인 경사는 지면에 자신의 골반과 어깨라인을 평행으로 맞추고 샷을 하면 되는데 경사가 심하면 샌드웨지보다는 갭웨지 혹은 피칭웨지를 사용해야 보다 쉽게 벙커를 탈출할 수가 있다. 단, 갭웨지나 피칭웨지를 사용하는 경우에는 클럽헤드의 블레이드 부분이 벙커 속으로 파고드는 것을 방지하기 위해서 클럽페이스를 적당히 열고 셋업해야 한다.

클럽을 넉넉하게 선택했기 때문에 백스윙 때 불필요하게 큰 동작을 하거나 지나친 체중 이동을 하면 여지없이 미스 샷이 발생한다. 따라서 임팩트 때 쳐야 할 모래에 집중하고 스윙 중에 머리가 흔들리지 않게 샷을 하는 것이 좋다.

❺ 왼발 내리막 라이에서의 벙커 샷

벙커 샷이 익숙하지 않은 초보 골퍼에게는 아마도 가장 어렵게 느껴지는 상황일 것이다. 하지만 이 경우에도 요령을 알면 쉽게 빠져나올 수가 있다. 셋업은 다른 경사면과 마찬가지로 내리막 경사에 골반과 어깨를 맞춰 선 다음 볼을 스탠스 중앙에 놓고 클럽페이스를 많이 열어준다.

그다음 백스윙을 가파르게 꺾어 올렸다가 볼 밑의 경사면을 따라 빠져나가듯이 'L'자 모양으로 스윙을 하는데 마치 손등으로 모래 바닥을 때리듯이 클럽페이스를 많이 열고 클럽의 솔 부분으로 모래를 과감하게 가격하면 빠져나올 수가 있다.

⑥ 프라이드 에그 라이 샷

볼이 모래에 반쯤 파묻히고 볼 주변의 모래가 달무리처럼 둥글게 올라와 있는 모습이 마치 달걀 프라이처럼 생겼다고 해서 붙여진 이름인데 골퍼에겐 최악의 벙커 샷이다. 이 경우에는 클럽헤드가 볼 뒤의 모래를 강하게 파고 들어 모래로 볼을 밀어내야 하기 때문에 상당히 강한 다운 블로우 샷이 필요하다. 가파르게 찍어치는 것이 중요한 포인트이기 때문에 볼을 중앙에 놓고 확실한 다운 블로우를 위해 체중을 왼발에 최대한 많이 실어주어야 한다. 볼이 모래에 많이 묻혀 있는 경우에는 클럽페이스를 열지 말고 양손을 타깃 쪽으로 밀어주는 핸즈 포워드 자세를 취하면 찍어치기가 쉽다.

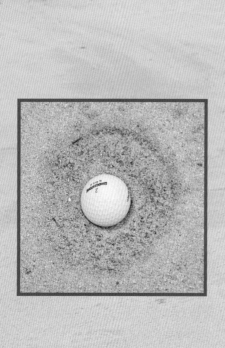

임팩트 위치

스윙할 때는 팔로우스루 없이 클럽헤드를 모래 속에 처박는 느낌으로 강하게 다운 블로우로 내려친다. 손목 힘이 상대적으로 약한 여성 골퍼는 다운 블로우로 볼 뒤의 모래를 가격하되 양쪽 겨드랑이를 몸에 바짝 붙이고 몸을 이용해서 쳐야 안전하게 프라이드 에그를 탈출할 수가 있다.

가파른 벙커의 오르막 턱에 박혀 있는 볼도 프라이드 에그와 마찬가지로 팔로우스루를 의식하지 말고 클럽페이스의 리딩에지가 볼 밑을 파고들도록 스윙해야 한다. 가파른 다운스윙을 위해 가장 먼저 우선되어야 할 것은 체중을 최대한 왼발에 싣는 것이다. 오르막 턱에서는 왼발이 높이 위치하기 때문에 체중을 최대한 왼발에 실어 마치 한쪽 다리로만 체중을 의지하는 느낌으로 어드레스를 해야 한다.

리딩에지로 볼 밑을 파고들기 위해서는 상황에 따라 클럽페이스를 약간 닫아주는 것이 좋은데 이는 클럽헤드의 앞쪽 모퉁이로 모래를 파고들기가 훨씬 용이하기 때문이다. 단, 클럽페이스를 닫고 임팩트하면 볼이 왼쪽으로 날아가게 되므로 이때는 타깃의 오른쪽을 겨냥해야 한다.

임팩트 위치

스윙은 크게 하는 것보다 손목 코킹을 이용하여 최대한 정확하게 볼을 찍어치는 것이 좋다. 가파른 오르막은 팔로우스루 때 클럽헤드를 모래 속에 파묻는 느낌으로 스윙해야 하는데 여기서 가장 중요한 포인트는 다른 숏 게임과 마찬가지로 불필요한 동작으로 강하게 치려고 하지 말고 정확하게 임팩트를 하는 것이다. 스윙하는 도중에도 볼을 끝까지 응시하고 밸런스가 흐트러지지 않도록 하자.

8 젖은 모래에서의 벙커 샷

비가 온 뒤 적당한 수분으로 다져진 벙커는 클럽
헤드가 모래에 박힐 위험도 적기 때문에 일반 벙
커보다 탈출이 더 쉽다. 이 경우에는 평소와 같이
똑같은 셋업으로 벙커 샷을 하되 스탠스를 좁게
서고 거리 조절에 신경을 쓰면 된다.

젖은 벙커에서는 모래의 저항이 훨씬 작아지기 때문에 볼이 쉽게 날아간다. 전체적인 스윙의 크기를 줄여도 그린에 떨어진 볼은 평소보다 백스핀이 더 많이 걸리게 되므로 주의해서 샷을 하자. 벙커가 진흙처럼 단단하게 젖어 있어서 클럽헤드로 모래를 파고들기가 쉽지 않다고 판단이 될 때는 일반적인 피치 샷으로 셋업을 하고 클럽페이스를 조금만 열어서 볼 뒤 2~3cm 지점을 가격하면 가볍게 그린에 올릴 수가 있다.

❾ 롱 벙커 샷

긴 거리의 벙커 샷을 하는 요령은 두 가지가 있다. 첫 번째는 평소 벙커 샷을 할 때보다 임팩트 때 모래의 양을 적게 날리는 방법으로 일반적인 벙커 샷을 할 때보다 볼을 좀 더 중앙 쪽으로 옮긴 다음 볼 뒤 2~3cm 지점을 가격한다. 자칫 잘못하면 탑핑을 할 수도 있기 때문에 초, 중급자에게는 권하기 어렵지만 구력이 좀 되는 상급자는 볼에 백스핀을 많이 걸어야 하는 상황이라면 충분히 시도해볼 만한 방법이다.

두 번째는 초, 중급자에게 추천하는 방법으로 평소와 똑같이 벙커 샷을 하되 클럽을 갭웨지나 피칭웨지 등으로 바꿔서 런을 발생시키는 방법이다. 평소에 사용하는 샌드웨지보다 더 긴 클럽을 선택하여 똑같이 클럽페이스를 열고 샷을 하면 같은 스윙으로도 볼을 훨씬 더 많이 캐리할 수 있고 또 적당한 런까지 발생하게 된다. 이 방법은 사이즈가 큰 그린 앞에 있는 벙커에 볼이 들어갔거나 적어도 볼의 캐리가 20m 이상 돼야 할 경우에 사용하면 좋은 결과를 얻을 수가 있다. 3~40m 정도의 벙커 샷에서는 9번이나 8번 아이언을 선택하여 클럽페이스를 약간 열고 평상시와 같이 볼 뒤 5cm 지점을 가격하면 멋진 롱 벙커 샷을 할 수가 있다.

10 숏 벙커샷

짧은 거리의 벙커 샷을 하는 요령도 두 가지가 있다. 첫 번째
는 평상시와 같이 스윙하되 팔로우스루를 작게 하는 방법인
데 이는 10m 이내의 짧은 거리 벙커 샷을 할 때 가장 손쉽게
빠져나올 수 있는 요령이다. 팔로우스루의 크기를 줄이면 임
팩트의 강도를 약하게 만드는 효과가 있기 때문에 볼의 캐리
도 짧아지고 그린에 떨어진 볼은 많이 구르지 않게 된다.

두 번째는 모래를 두껍게 쳐서 거리를 줄이는 방식인데 첫 번째 방법으로 했을 때 미스 샷의 빈도가 높아지는 골퍼라면 이 방법을 시도해보자. 일반적인 벙커 샷은 볼 뒤의 5cm 지점을 가격하는 데 반해 평소보다 볼의 위치를 약간 왼쪽으로 옮겨서 볼 뒤 7~8cm 지점을 가격하는 방법이다. 이는 의도적으로 적당한 뒤땅을 쳐서 볼의 캐리가 짧아지고 런도 별로 발생하지 않아 아주 효과적인 숏 벙커 샷이 된다.

일반적인 벙커 샷 볼의 위치

11 벙커 샷에서 페이스를 완전히 오픈하는 요령

벙커 샷을 할 때 그린의 앞뒤 폭이 상당히 좁거나 핀을 지나면 가파른 내리막이 시작되는 상황에서는 볼에 백스핀을 많이 걸어야 한다. 따라서 이때는 클럽페이스가 평소보다 하늘을 보는 느낌으로 완전히 열어주고 볼을 약간 중앙 쪽으로 옮겨서 임팩트 때 날리는 모래의 양을 적게 조절해야 한다.

스윙할 때는 클럽헤드가 가파르게 올라가게끔 손목 코킹을 많이 해주고 임팩트 때 코킹을 빨리 풀어주어 클럽헤드를 가속시켜야 한다. 마치 플롭 샷을 벙커에서 한다는 이미지를 상상하면 이해하기가 쉬울 것이다. 잔디가 아닌 벙커에서 하다 보니 모래를 약간 치고 클럽헤드가 빠르게 볼 밑을 지나가는 이미지를 상상하면서 스윙하면 그린에 떨어진 볼이 바운스 한두 번에 제자리에 서는 것을 보게 될 것이다.

MISS & TROUBLE SHOT

퍼팅
Putting

Chapter 05

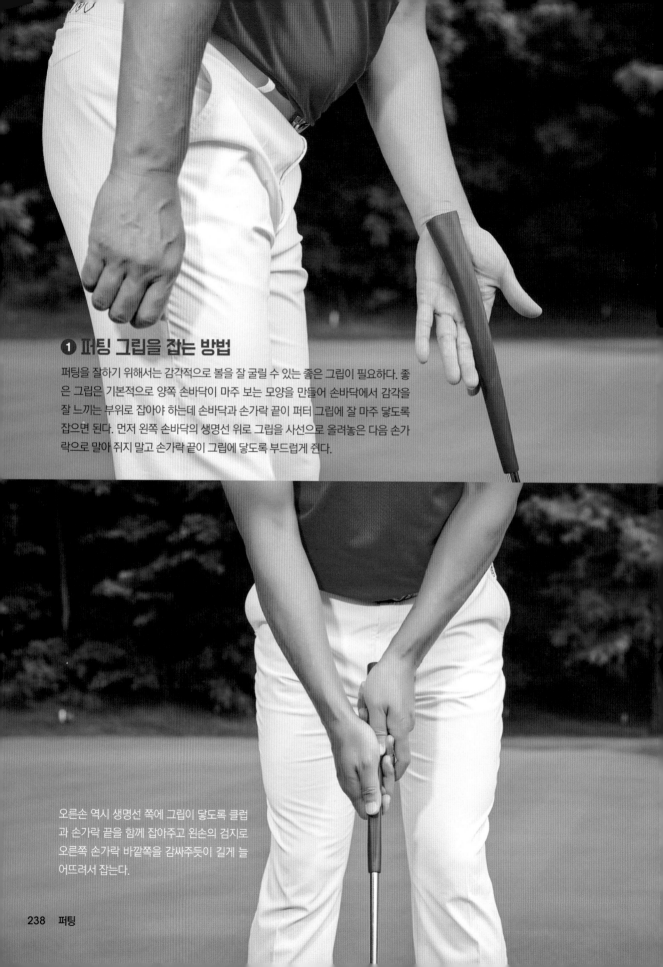

1 퍼팅 그립을 잡는 방법

퍼팅을 잘하기 위해서는 감각적으로 볼을 잘 굴릴 수 있는 좋은 그립이 필요하다. 좋은 그립은 기본적으로 양쪽 손바닥이 마주 보는 모양을 만들어 손바닥에서 감각을 잘 느끼는 부위로 잡아야 하는데 손바닥과 손가락 끝이 퍼터 그립에 잘 마주 닿도록 잡으면 된다. 먼저 왼쪽 손바닥의 생명선 위로 그립을 사선으로 올려놓은 다음 손가락으로 말아 쥐지 말고 손가락 끝이 그립에 닿도록 부드럽게 쥔다.

오른손 역시 생명선 쪽에 그립이 닿도록 클럽과 손가락 끝을 함께 잡아주고 왼손의 검지로 오른쪽 손가락 바깥쪽을 감싸주듯이 길게 늘어뜨려서 잡는다.

그립을 잡으면 손바닥이 느슨하게 느껴질 수도 있는데 그립이 심하게 느슨하지 않을 정도로만 잡으면 부드러운 터치감으로 퍼팅을 할 수가 있다.

★ TIP

손가락을 타이트하게 말아 쥐면 팔이 경직되어 거리감은 물론 볼이 맞는 순간의 터치감을 상실하게 되니 주의하자.

❷ 롱 퍼팅

거리가 보통 10m 이상 되는 퍼팅을 롱 퍼팅이라고 하는데 대부분은 홀에 넣는 것보다 홀 주변에 가까이 붙이는 것을 더 염두에 두어야 한다. 롱 퍼팅을 쓰리 퍼팅으로 실수하는 경우는 대부분 홀을 좌우로 심하게 벗어나는 것보다 거리를 맞추지 못하는 경우가 많다. 따라서 롱 퍼팅에서 가장 신경 써야 하는 부분은 바로 퍼팅의 거리감이다.

지름 1m 가상의 원을 그려서 스트로크한다

거리감을 잘 익히기 위해서는 평상시
보다 조금 더 상체를 세우고 퍼팅하는
것이 좋은데 자세를 세울수록 홀까지
의 거리감을 더 잘 느낄 수가 있다.

그립은 평상시보다 조금 더 약하게 쥐어서 퍼터헤드의 무게감을 잘 느끼는 것이 좋고 스트로 크할 때는 손목이 적당하게 쓰이더라도 거리감에 최대한 중점을 두어야 한다. 이 사항들을 잘 체크하면 롱 퍼팅을 쓰리 퍼팅으로 마무리하는 것을 피할 수 있을 것이다.

❸ 숏 퍼팅

골퍼에게 가장 많은 스트레스를 주는 순간은 단연 1~2m 거리의 숏 퍼팅일 것이다. 숏 퍼팅을 할 때는 놓치지 말아야 한다는 부담감 때문에 더욱 긴장하게 되는데 1m 남짓의 가까운 거리일수록 퍼팅할 때 컵이 시야에 들어오기 때문에 스트로크를 하는 순간 집중력이 떨어져서 미스를 하기가 쉽다. 숏 퍼팅을 할 때 가장 흔하게 들을 수 있는 조언은 볼이 컵에 들어가는 것을 눈으로 보지 말고 귀로 들어야 한다는 것이다. 오랫동안 알려져 온 명언인데 여기에 한두 가지를 더 가미하면 보다 확실한 숏 퍼팅을 할 수가 있다.

숏 퍼팅을 미스하는 경우는 크게 두 가지이다. 첫 번째는 임팩트 순간에 퍼터페이스가 열리거나 닫히는 경우인데, 퍼팅은 헤드 스피드가 약해서 스트로크가 어느 방향으로 가든 임팩트 순간의 퍼터헤드 방향대로 볼이 진행하기 때문에 숏 퍼팅을 할 때는 평상시보다 그립을 조금 더 견고하게 쥐어야 한다. 특히 왼손보다 오른손 그립을 단단하게 쥐고 스트로크하는데 임팩트 순간에 퍼터헤드가 스퀘어로 볼에 맞는 것에 집중한다면 성공률이 상당히 높아지게 된다.

두 번째는 퍼터헤드가 감속하여 볼이 홀 바로 앞에 멈추거나 잔디의 결을 타고 홀 옆으로 멈춰서는 경우이다. 퍼팅할 때 긴장감 때문에 헤드 스피드가 감속하는 골퍼라면 볼 뒤쪽에 압정이 달려 있고 그것을 퍼터헤드로 볼에 박아 넣는다는 상상을 하면서 스트로크해보자. 이렇게 하면 보다 견고한 스트로크를 구사할 수가 있다.

여기서 한 가지 잊지 말아야 할 것은 컵에 들어가는 볼을 눈으로 보지 말고 귀로 들어야 한다는 것이다. 이것은 만고불변의 명언임을 잊지 말아야 한다.

4 S라인(더블 브레이크) 퍼팅

퍼팅 라인이 두 번 꺾이는 S라인 퍼팅은 스트로크하기 전에 그린을 정확하게 읽는 요령이 필요하다. 그린의 경사가 겹쳐 있을 때 그린을 읽는 가장 중요한 포인트는 골프계의 전설 잭 니클라우스의 명언을 기억할 필요가 있는데 그것은 바로 첫 번째 경사가 전체 퍼팅 라인에 지대한 영향을 준다라는 것이다.(Always first break dictates the whole line of the putt)

5 2단 그린 위로 올려 하는 퍼팅

2단 그린 아래쪽으로 하는 퍼팅은 어느 지점까지만 볼을 굴려도 알아서 굴러가지만 2단 그린 위쪽으로 하는 퍼팅은 힘 조절을 하기가 쉽지 않다. 이 경우에는 롱 퍼팅을 할 때와 많이 흡사한데 그린 전체의 거리감을 위해서 퍼팅 자세를 조금 높게 셋업하고 스트로크할 때는 손목을 부드럽게 쓰면서 임팩트 강도에 집중해야 한다.

2단 그린 위쪽으로 하는 퍼팅은 손목을 안 쓰고 스트로크를 크게 하는 것보다 어느 정도 부드러운 손목 스 냅으로 임팩트하는 것이 거리를 맞추기가 더 쉽다. 퍼팅의 강도는 어떠한 공식이 있다기보다 본인의 경험 과 감각을 더 믿는 것이 좋다. 다만 정타를 맞히는 데 도움이 될 수 있도록 퍼팅할 때 백 스트로크를 평상시 보다 조금 더 천천히 해주어야 한다.

❻ 잔디의 결을 읽는 방법

퍼팅 라인을 보다 정교하게 읽기 위해서는 잔디의 결 또한 빼놓을 수 없는 중요한 요인이다.
잔디의 결은 볼 스피드에 영향을 주기 때문에 결에 따라 에이밍 포인트 자체도 조절해야만
한다. 또한 잔디의 종류에 따라 볼이 결을 타는 정도도 다르다. 잔디의 결을 확인하는 방법은
크게 두 가지로 볼 수가 있는데 첫 번째는 잔디의 색깔을 확인하는 방법이다. 보통 한쪽에서
그린을 봤을 때 약간 엷은 초록색으로 반질반질하게 보이는 쪽이 순결 방향이고 색깔이 짙은
초록색으로 보이는 쪽은 역결 방향이다.

잔디의 결 방향

잔디의 결 방향

두 번째는 컵의 가장자리를 살펴보는 방법이다. 잔디의 결은 컵 에
지의 깨끗하게 잘린 부분에서 지저분하게 잘린 부분으로 흐르게
되는데 이것은 그린에 컵을 뚫을 때 잔디의 뿌리 부분에 가까운 쪽
이 아무래도 조금은 깨끗하게 에지가 생기기 때문이다. 간혹 프로
선수들이 홀 주변에 다가서서 유심히 컵을 들여다보는 이유가 바
로 이와 같은 방법으로 잔디의 결을 파악하기 위해서이다. 당연히
순결인 경우에는 볼이 빠르게 굴러가고 역결인 경우에는 느리게
굴러간다. 좌우측 결인 경우에는 평소보다 홀 주변에서 볼의 휘어
짐이 홀 주변에서 많다는 것을 염두에 두고 퍼팅을 해야 한다.

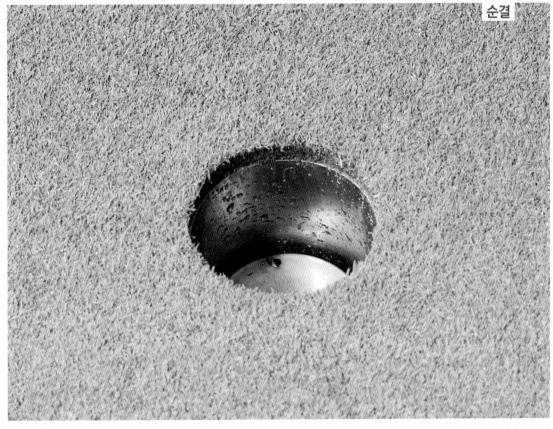

순결

7 퍼팅의 성공률을 높이는 방법

퍼팅에서 가장 중요한 것은 볼이 굴러가는 스피드이다. 다시 말하면 거리감이 중요하다는 것인데 이것은 PGA 투어에서 전설적인 퍼팅의 달인으로 불리었던 벤 크렌쇼(Ben Crenshaw)나 브래드 팩슨(Brad Faxon), 로렌 로버츠(Loren Roberts) 등 많은 선수들이 공감하는 얘기이다. 퍼팅의 성공률을 높이기 위해서는 퍼팅 라인을 잘 살펴보는 것과 볼의 스피드, 컵으로부터 30cm 정도 지나가는 거리감에 집중해야 한다. 홀에 미치지 못하는 퍼트는 들어갈 확률이 확실하게 없고 스피드가 너무 강한 퍼트는 정확하더라도 컵을 돌고 나올 확률이 높기 때문이다. 볼을 간신히 지나가는 퍼트는 컵 주변에서 잔디의 결을 타고 이러저리 휘어지다가 들어갈 수도 있기 때문에 거리만 잘 맞춰서 스트로크를 할 수 있다면 설사 퍼팅 라인을 잘 못 읽었다고 해도 운 좋게 성공할 수가 있다. 따라서 퍼팅을 하는 순간에는 항상 홀을 적당히 지나치는 거리감에 집중하여 스트로크를 해야 한다.

❽ 퍼팅 라인을 정확하게 읽는 방법

퍼팅 라인을 정확하게 읽기 위해서는 다음과 같은 순서로 보는 것을 권장한다. 먼저 그린에 올라가면서 전체적인 경사를 관찰하는 것이 첫 번째인데 이유는 대부분의 골프 코스가 산악에 위치한 우리나라에서는 눈에 보이지 않는 산 경사가 있기 때문이다.

근처의 산봉우리가 가장 높은 곳으로부터 계곡이 어느 쪽에 있는지를 염두에 두고 홀 뒤에서 홀 주변의 브레이크를 보면서 볼이 어떻게 휘어서 홀에 들어갈지를 상상해본다.

그다음 볼 뒤로 가서 홀 주변의 움직임을 염두에 두고 전체 퍼팅 라인을 그려본다. 퍼팅은 스트로크를 시작하는 부분에서는 볼 스피드 때문에 경사를 많이 타지 않지만 스피드가 떨어지는 홀 주변에서는 경사를 많이 타고 볼이 잘 꺾이게 된다. 따라서 홀 주변의 경사를 꼭 미리 살펴보아야 한다.

★ TIP

퍼팅 라인을 읽었을 때 서로 상반되는 브레이크가 보일 경우에는 보통 낮은 쪽에서 보는 퍼팅 라인이 더 정확하다.

❾ 그린 엣지에서의 퍼팅

그린 엣지에서 칩 샷보다 퍼팅이 편하게 느껴질 때는 당연히 퍼팅을 해야 하는데 이때는 스피드에 주의해야 한다. 그린 엣지에서의 퍼팅은 롱 퍼팅을 할 때와 마찬가지로 그립을 최대한 가볍게 쥐고 헤드의 무게를 느끼면서 스트로크하는 것이 좋다. 그린 엣지는 그린보다 잔디가 조금 더 길기 때문에 백 스트로크할 때 퍼터 헤드가 잔디에 걸리지 않도록 살짝 들어주어야 헤드 무게를 잘 느끼면서 퍼팅할 수가 있다.

거리감이 절대적으로 중요하기 때문에 스트로크할 때 손목이 적당히 쓰이더라도 걱정하지 말고 거리감에 집중하여 퍼팅을 하자.

간혹 볼이 그린 엣지에 바짝 붙어서 백 스트로크가 편하지 않을 때가 있는데 이때는 어드레스 때부터 퍼터헤드를 그린 엣지의 높이만큼 들고 스트로크하거나 샌드웨지나 갭웨지의 앞쪽 블레이드를 이용해서 퍼팅하는 것이 좋다.

웨지로 퍼팅을 하면 처음에는 거리감 때문에 어색하게 느껴질 수도 있지만 몇 번 연습해보면
전혀 불편하게 느껴지지 않을 것이다. 웨지를 이용한 퍼팅은 상당히 가파른 내리막이나 엣지
에서 짧은 퍼팅을 하는 상황에서 사용할 수 있는데 익숙해지면 칩 샷을 하는 것보다 한결 더
쉽게 엣지를 타고 그린으로 흘러내리는 퍼팅을 할 수가 있다.

• **장소 협찬** 화산컨트리클럽
• **사진 촬영** 이미지레이블

고덕호 프로의 완벽 해결

미스 &
트러블 샷

1판 1쇄 | 2018년 10월 29일
지 은 이 | 고덕호
발 행 인 | 김인태
발 행 처 | 삼호미디어
등   록 | 1993년 10월 12일 제21−494호
주   소 | 서울특별시 서초구 강남대로 545−21 거림빌딩 4층
            www.samhomedia.com
전   화 | (02)544−9456(영업부) (02)544−9457(편집기획부)
팩   스 | (02)512−3593

ISBN 978−89−7849−590−5 (13690)

Copyright 2018 by SAMHO MEDIA PUBLISHING CO.

이 도서의 국립중앙도서관 출판예정도서목록(CIP)은
서지정보유통지원시스템 홈페이지(http://seoji.nl.go.kr)와
국가자료공동목록시스템(http://www.nl.go.kr/kolisnet)에서 이용하실 수 있습니다.
(CIP제어번호: CIP2018031312)